BIOTIFUL MOMENTS

CHLOÉ SUCRÉE

BIOTIFUL
MOMENTS

90 recetas saludables
para disfrutar y compartir

Grijalbo

Papel certificado por el Forest Stewardship Council®

Primera edición: septiembre de 2022

© 2022, Chloé Sepulchre, por el texto y las fotografías
Autora representada por Silvia Bastos, S.L. Agencia literaria
© 2022, Penguin Random House Grupo Editorial, S.A.U.
Travessera de Gràcia, 47-49. 08021 Barcelona

Printed in Spain — Impreso en España

Diseño: Penguin Random House Grupo Editorial / David Ayuso
Maquetación: Fotocomposición gama, sl.

ISBN: 978-84-18055-52-2
Depósito legal: B-11817-2022

Impreso en Gráficas 94, S.L.
Sant Quirze del Vallès (Barcelona)

DO 5 5 5 2 2

Que tu vida esté llena de *biotiful moments*

ÍNDICE

INTRODUCCIÓN

Para mí la cocina es pura emoción.

Para mí la cocina es mi *pied à terre*, mi vía de escape, mi punto de referencia, mi principio.

Para mí cocinar es uno de los actos más generosos que conozco. Uno de los gestos de amor más grandes que hay; por eso disfruto tanto cuando cocino para los demás y también para mí misma. Y también me encanta cuando otros cocinan para mí y puedo ser «la invitada».

Comer es una experiencia completa que va mucho más allá de una simple necesidad fisiológica, de satisfacer el hambre física. Siempre ha sido así. Cómo te encuentres influye en el apetito y en los gustos. También afecta en qué momento estás, del día o de la vida, o con quién estás: según la ocasión y la compañía, cambias el tipo de comida. Y el estado de ánimo, por supuesto, también repercute a la hora de cocinar y comer.

Todo esto tiene aún mayor sentido después de los últimos años que hemos vivido. Creo que, a raíz de la pandemia, los confinamientos y la distancia social, nos hemos dado cuenta de lo que es importante de verdad. Las circunstancias nos han «invitado» a reordenar nuestras prioridades y, sobre todo, a saborear de nuevo los pequeños instantes. La teoría sobre «vivir de forma plena e intensa el momento presente» —el famoso *carpe diem*— nos la sabemos

todos, pero el día a día nos arrastra con sus prisas absurdas: estar enganchados a pantallas, a cosas que nos quitan tiempo y que, por el contrario, no nos aportan nada.

Si una cosa buena ha traído todo esto es que creo que «algo» ha cambiado en la gente. Hemos aprendido a vivir con menos, a ser más responsables y solidarios, a aprovechar nuestro tiempo de otra forma y a sacar lo mejor de nosotros mismos. Hemos aprendido a improvisar en el caos y a abrazar la incertidumbre. Ha sido una época complicada, de cambios, donde cada uno, desde su pequeña realidad, ha buscado sus *biotiful moments* para romper la rutina y sobrellevar la situación.

Estar mucho más tiempo en casa, por otro lado, ha hecho que las personas nos reconciliemos con la cocina; y esto siempre es bueno. La cocina es terapéutica. Es un momento de unión y una vivencia muy necesaria hoy en día. La cocina consigue juntar a la gente que más quieres alrededor de una mesa, delante de recetas preparadas con mimo y es el lugar donde ocurren cosas memorables. La cocina crea ocasiones únicas, sin pretensiones, en las que las conversaciones fluyen.

Mi intención con este nuevo libro es, precisamente, mostrar que cocinar no es un simple acto cotidiano y banal; que puedes transformar cualquier situación en

algo especial gracias a elaboraciones sencillas, coloridas y apetecibles. Muchas veces,
la cocina es ese detalle que transforma el
momento. Con los años, y precisamente a
través de mi trabajo, he aprendido el poder
que tiene la cocina y he podido crear *biotiful moments* irrepetibles.

Y he elegido 10 *biotiful moments* —con
sus correspondientes bandas sonoras—
para este libro, aunque podrían ser muchos
más. Pero son, quizá, los que más me repre-
sentan y en los que creo que tú, lector, te
verás también más reflejado. Porque no es
lo mismo preparar una cena romántica
para dos, sin niños, que saciar a un grupo
de adolescentes hambrientos. Tampoco es
lo mismo hacer algo cuando tienes un do-
lor de cabeza que no te deja ni pensar que
llevar algo fácil y apetecible para una barbacoa. Son momentos distintos con necesidades distintas, y la comida es el mensajero
perfecto para transmitir cómo te sientes y
compartirlo.

Yo, siempre que puedo, busco mis *biotiful moments*. No tienen que ser días espe-
ciales de por sí. Más bien procuro hacer de
lo ordinario algo extraordinario. Todo es
cuestión de perspectiva, buena actitud y de
ponerle ganas. Te invito a hacer lo mismo.
Te sorprenderá la cantidad de momentos
mágicos que pueden aparecer. Y es que,
como decía Pau Donés, «Vivir es urgente».

LOS 10 *BIOTIFUL MOMENTS*

1. *Brunchs*, vermuts y barbacoas con amigos

Sabes que te lo vas a pasar bien y que el plan mola mogollón. Cuando te invitan, surge la duda típica: «Oye, ¿y yo qué llevo?». Pues bien, espero que nunca más tengas que hacer esa pregunta, porque mi intención con este capítulo es inspirarte con elaboraciones fáciles, rápidas y, al mismo tiempo, visuales, originales y que sorprenderán a tus amigos.

Aquí encontrarás muchas propuestas de verduras —que, en mi opinión, siempre faltan en los *brunchs* y barbacoas— y buenas guarniciones para cualquier plato principal.

Canción: «Animal», de Juls Cattáneo

2. *Feeling good*

Es otoño, estás superresfriado, no tienes fuerzas y lo único que quieres es un caldo que te reconforte. Este *biotiful moment* está pensando para que puedas prepararte un montón de cositas ricas que sean tu medicina cuando más lo necesites. Será ese extra de mimos con ingredientes nutritivos como el jengibre, la cúrcuma y el miso.

Canción: «Home», de Edward Sharpe and the Magnetic Zeros

3. Cena para dos

Una cena a solas es el plan soñado de muchos padres con hijos pequeños. No solo por la tranquilidad y la falta de interrupciones, sino porque también puedes probar combinaciones más peculiares o ingredientes singulares, como el kimchi del que tanto has oído hablar. Ir a un restaurante mola, pero también hacer una receta original en casa. Así pues, para este capítulo, he escogido alimentos menos *kids friendly* y también algunos picantes.

Canción: «Mystery of love», de Sufjan Stevens

4. Fiestas en familia

Este *biotiful moment* no requiere mucha explicación. En los días de fiestas importantes —Navidad, aniversarios, celebraciones varias...—, todos queremos preparar algo especial, hacer recetas más elaboradas con ingredientes más exóticos. Vamos a planear un menú supertop para que puedas impresionar a todo el mundo con platos increíbles, vistosos y deliciosos.

Canción: «What a life», de Scarlet Pleasure

5. De pícnic

La clave es priorizar recetas que aguanten bien sin estropearse, que puedan transportarse con facilidad y que sería ideal que pudieran comerse con las manos. Es decir, hacerlo lo más fácil posible para que no estés pensando todo el rato en si te manchas, en si la comida está seca o en si te faltan cubiertos... ¡y que puedas disfrutar de tu *biotiful moment* sin remordimientos! En este capítulo hay recetas tanto dulces como saladas para que tengas un amplio abanico de opciones a la hora de llevar platos ricos a un pícnic.

Canción: «West Coast», de Coconut Records

6. Menú solo

Este capítulo está dedicado a mi vecina y amiga Isa. A la hora de cocinar, ella todavía está con las sopitas de sobre. Y es que, hasta que la conocí, no me di cuenta de que, en realidad, cocinar para uno solo no es tan obvio como parece, ni mucho menos inspirador. Se necesita una dosis extra de motivación para meterte en la cocina y nunca sabes muy bien qué hacer ni qué comprar. Para sacarte de la rutina y la monotonía, vamos a preparar unas recetas muy apetecibles usando ingredientes de la despensa para hacerlo sencillo.

Canción: «Go Solo», de Zwette, en colaboración con Tom Rosenthal

7. Viajes en ruta

Hace un par de años nos fuimos de ruta en familia en autocaravana y me di cuenta de que no todas las recetas son propicias para un viaje. Es importante pensar en elaboraciones que no requieran muchos utensilios, que sean fáciles de hacer y en las que usemos ingredientes básicos.

Lo que quieres es disfrutar del camino, de las vacaciones, y no estar estresado limpiando mil cacharros, organizando compras o ideando menús complejos. Ojalá estas propuestas te acompañen en alguna aventura.

Canción: «Ho Hey», de The Lumineers

8. Merienda con niños

Es un hecho que los niños —o al menos los míos— siempre tienen hambre y piden *snacks* a todas horas. Tener propuestas nuevas, sanas y originales, siempre viene bien. Seguro que este es el *biotiful moment* que más me ha costado y en el que he tenido que usar más la imaginación porque el «cliente final» es muy exigente. Vas a sorprender a tus hijos con ideas frescas y molonas.

Canción: «Agüitaecoco», de Simon Grossman, en colaboración con Luz Pinos

9. *Post baby*

Después de dar a luz estás en una nube, tienes las hormonas revolucionadas y es uno de los momentos más bonitos de tu vida. Pero, al mismo tiempo, estás rodeado de pañales, preocupada por la lactancia (sea la que sea), con un bebé siempre en brazos y con un sueño tremendo. Lo único que quieres es poder dormir, que te mimen y que te cocinen, a poder ser, platos superreconfortantes, que te den energía, que aguanten un par de días en la nevera y que sean fáciles de comer, porque tienes las manos ocupadas.

Canción: «Jain», de Dream

10. *Team teenager*

Todavía no me ha llegado el momento *team teenager*, pero sé lo que me espera: un hambre voraz a todas horas y ganas locas de carbohidratos. Cuando era pequeña, recuerdo que mi hermano mayor, al volver del cole, arrasaba con todo y que nada era suficiente. Son otras necesidades y otras cantidades. Vamos a pensar en recetas y platos que sacien y que sean muy apetecibles.

Canción: «Formidable (ceci n'est pas une leçon)», de Stromae

MINI TIPS PARA PONER LA MESA

1. *Brunchs*, vermuts y barbacoas con amigos

Más que poner una mesa, la idea es que las cosas fluyan. Prioriza una mesa grande con algunas flores bonitas y coloridas donde, por un lado, puedas colocar todas las preparaciones al alcance de los presentes y, por otro, puedas dejar una pila de platos, vasos varios y cubiertos en algún tarro molón para que cada uno se sirva cómodamente y disfrute de este *biotiful moment*.

2. *Feeling good*

Para este *biotiful moment* la mesa puede ser tu sofá, tu cama, una manta o cualquier sitio donde te sientas arropado y cómodo. Sirve las recetas en boles, encima de alguna bandeja o en algún termo que mantenga ese caldo reconfortante y nutritivo bien calentito. O, si no, en tu taza favorita para tomarte tu té chai.

3. Cena para dos

Aquí, como casi siempre, la compañía es lo más importante. Y también el lugar. Prepara una receta especial de este capítulo y el resto irá solo. Una mesa bonita, pero sencilla, un mantel simple de lino, velas blancas y algo de música de fondo. Y ya si hay chimenea cerquita, *le tour est joué*.

4. Fiestas en familia

En esta ocasión, vas a reunir a la gente que quieres. Me imagino una luz tenue, con música alegre, una mesa de madera alargada y rústica donde se oyen diferentes conversaciones y muchas risas. Pon varias preparaciones de cada receta distribuidas por toda la mesa, con cubiertos de servir para que todos los presentes puedan disfrutar de todas las elaboraciones.

5. De pícnic

Nos vamos de pícnic y la mesa estará donde tú decidas. Busca un lugar cómodo para poder sentarte, con vistas chulas. Trae un mantel grande para poder colocar platos y vasos varios, idealmente de un material no muy delicado, túpers o termos para poder transportar la comida más fácilmente, servilletas y algún cojín para estar más cómodos.

6. Menú solo

Sé que, en algunas ocasiones, cocinar y comer uno solo puede ser poco motivador. Pero, justamente, es tu momento. Hazlo especial. Prepárate la mesa de tus sueños por muy sencilla que sea. No porque comas solo, que tienes que hacerlo deprisa y corriendo. Ponte tu mantelito, tu plato, tu servilleta, unas flores... Siéntate y disfruta.

7. Viajes en ruta

Cómo el título indica, la mesa es el camino. Puede ser en tu caravana, frente al mar, en tu casa de vacaciones o donde te lleve el viaje. Busca recetas sencillas con pocos ingredientes y que precisen de pocos utensilios. Llévate contigo platos de acero esmaltado que van bien para poder comer en todas partes.

8. Merienda con niños

Elegid entre todos el lugar donde los niños puedan imaginarse la mesa más molona. Que ayuden a ponerla, escogiendo los platos, vasos de colores, cubiertos, decorando con dibujos y poniendo todos los accesorios que se les ocurran... Busca una vajilla de bambú o de algún material sostenible y resistente, pajitas de acero inoxidable y piensa que aquí el orden *no está al orden del día.*

9. *Post baby*

En este momento de tu vida, en lo último que piensas es en poner la mesa o, por lo menos, una mesa perfecta. Lo que consigas hacer estará bien y será suficiente. Aquí lo importante es que puedas sentarte de la forma más cómoda posible y que logres comer algo que te dé energía y te reconforte.

10. *Team teenager*

Comodidad y solidaridad. Una mesa donde cada uno pueda saciar esa hambre voraz y donde todos ellos, como no, ayuden y cooperen poniéndola donde estén más a gusto. Platos grandes en los que quepa mucha cantidad de comida y una mesa amplia donde las conversaciones fluyan. Y, por supuesto, al final, una mesa que todos ayuden a recoger.

RECETAS

1.
BRUNCHS, VERMUTS Y BARBACOAS CON AMIGOS

RODAJAS DE PEPINO CON RICOTTA, PISTACHOS, ZUMAQUE, LIMÓN Y ENELDO

 10 minutos

 4 personas

A veces, lo más sencillo es lo más original. Esta propuesta es fresca y perfecta como aperitivo. La base está hecha de rodajas gorditas de pepino; puedes añadir por encima ricotta o utilizar labneh, mató o, si lo prefieres, un queso vegano cremoso.

2 pepinos
fleur de sel
aceite de oliva
1 cup o 250 g de ricotta
½ limón
½ cucharadita de zumaque
⅓ de cup o 50 g de pistachos tostados
eneldo fresco

Limpia los pepinos y córtalos en rodajas no muy finas, pues son la base del plato. Ponlas sobre una fuente bonita y alíñalas con un poco de *fleur de sel* y aceite de oliva por encima.

En un bol, combina la ricotta con el zumo de limón y vierte 1 o 2 cucharaditas de esta mezcla sobre cada rodaja; a continuación, añade un poco de zumaque, los pistachos tostados troceados, la ralladura del medio limón y eneldo fresco.

Puedes elaborar esta preparación unas horas antes, guardarla en la nevera y poner los pistachos y el eneldo en el momento de servir.

ENSALADA DE GAJOS DE AGUACATE CON TAMARI, SÉSAMO Y CILANTRO

 15 minutos

 4 personas

para la vinagreta
1 diente de ajo
3 cucharaditas de vinagre
  de manzana
2 cucharaditas de tamari
1 cucharadita de aceite
  de sésamo
cayena al gusto

3 aguacates
2 chalotas
cilantro fresco
1 cucharada de semillas
  de sésamo
fleur de sel

En la cocina, el corte de la fruta y la verdura marca la diferencia. Aquí tienes una ensalada de aguacates muy sencilla, pero al presentarlos en gajos gordos resulta muy visual y apetecible. Es importante que los aguacates estén en su punto. El acompañamiento a base de tamari, aceite de sésamo, chalotas y cilantro combina de maravilla.

Pica finamente el ajo, ponlo en un bol junto con el vinagre de manzana, el tamari, el aceite de sésamo y un poco de cayena, y mezcla. Prueba y rectifica la vinagreta al gusto.

Corta los aguacates en dos a lo largo y, con cuidado, quítales el hueso y también la piel ayudándote de una cuchara. Ponlos bocabajo sobre una superficie limpia y plana, y córtalos en gajos gruesos.

Pica finamente las 2 chalotas.

Pon los gajos de aguacate en un bol, añade la salsa por encima, las chalotas, el cilantro troceado, las semillas de sésamo y una pizca de *fleur de sel*.

Sirve de inmediato.

ENSALADA DE SANDÍA, PEPINO, FETA HORNEADA Y PIÑONES

 30 minutos

 4 personas

¼ de cup o 25 g
    de piñones
80 g de queso feta
1 + 1 cucharadas de aceite
    de oliva
1 cucharadita de miel
un toque de cayena
½ sandía
1 pepino
¾ de cucharadita de sal
½ cucharadita
    de zumaque
1 lima
1 puñadito de berros
2 cucharadas de menta

Esta receta es, sin lugar a dudas, una de las más fáciles y refrescantes que vas a preparar. La idea es jugar con las texturas y las formas: el frescor de la menta y la sandía, el crujiente del pepino, la cremosidad del queso feta, el tostadito de los piñones y el punto cítrico de la lima.

Enciende el horno a 165 °C y hornea los piñones unos 10 minutos o hasta que estén ligeramente tostados. Resérvalos en un bol pequeño.

Sube la temperatura del horno a 190 °C.

Coloca el queso feta desmenuzado en trozos grandes en una bandeja, añade una cucharada de aceite, la miel y el toque de cayena por encima, y hornea unos 15 minutos.

Mientras tanto, pela y corta la media sandía en cubitos y corta el pepino en trozos irregulares.

Pon la sandía en un bol y añade la sal, el zumaque y la otra cucharada de aceite. Combina los ingredientes, agrega el pepino y vuelve a mezclar. Incorpora la ralladura de ½ lima, el zumo de la lima entera y mezcla de nuevo.

Por último, agrega los berros, el queso feta horneado, la menta picada y los piñones tostados.

'THE PERFECT BBQ BURGER'

🕐 **15 minutos +**
30 minutos reposo
en la nevera

 6 hamburguesas

1½ cups o 135 g
de champiñones
1 cucharada de aceite
de oliva
1 diente de ajo rallado
1 paquete de tofu normal
1½ cups o 258 g de frijoles
negros o azukis cocidos
2 cucharadas de tahini
2 cucharadas de
concentrado de tomate
2 cucharadas de tamari
2 cups o 400 g de mijo
cocido
un toque de cayena
½ cucharadita de sal
½ cup o 50 g de copos
de avena
1 cucharada de arrurruz
(opcional)

Con estas hamburguesas vas a impresionar a los más es-
cépticos de la «cocina vegana» y, además, puedes hacerlas a
la barbacoa. El truco está en conseguir la textura perfecta
con los champiñones, el mijo cocido, el tofu y el tahini. Sírvelas con lo que más te guste.

Limpia y corta los champiñones en cuatro trozos. En una
sartén antiadherente, pon una cucharada de aceite y agrega los champiñones. Cocínalos unos 8 minutos o hasta que
hayan soltado toda el agua y empiecen a dorarse. Añade el
ajo rallado y cuece 1-2 minutos más.

Introduce en un procesador de alimentos los champiñones y el ajo dorados, el tofu desmenuzado, los frijoles escurridos, el tahini, el concentrado de tomate, el tamari, el
mijo, la cayena, la sal, los copos de avena y el arrurruz. Tritúralo todo junto, pero que no resulte demasiado fino; queremos conservar algunos grumos para darle cierta textura.
Prueba y rectifica de sal o especias si fuera necesario.

Con las manos, forma 6 hamburguesas, colócalas en una
bandeja e introdúcelas en la nevera durante 30 minutos.
Cocina las hamburguesas en una sartén antiadherente con
un poco de aceite de oliva, unos 4-5 minutos por cada lado.

Sirve con mayonesa (vegana, si quieres), una rodaja de
tomate, lechuga y aguacate.

EL 'DIP' DE 'MAMAN'

 15 minutos

 4 personas

En fiestas o comidas familiares, mi madre a menudo prepara una *anchoïade* —un *dip* a base de mil cosas y anchoas— que sirve con crudités y que siempre tiene un éxito rotundo. Yo lo he «veganizado» con alcaparras y otros ingredientes para darle ese toque umami que tanto me gusta. Sírvelo con las verduras de temporada que tengas en casa: todo combina genial.

1 cup o 250 ml de aceite de oliva[1]
2 cucharadas de alcaparras
1 cucharada de mostaza de Dijon
1 cucharada de alga nori
2 cucharadas de miso blanco
2 dientes de ajo
2 cucharadas de zumo de limón
pimienta
sal
½ cup o 10 g de albahaca
2 cucharadas de perejil
verduras crudas variadas

En una batidora, pon el aceite de oliva, las alcaparras, la mostaza, el alga nori troceada, el miso blanco, los dientes de ajo, el zumo de limón, un poco de pimienta y sal, la albahaca y el perejil. Tritura hasta que quede una mezcla bien cremosa. Prueba y rectifica de sal o limón.

Sirve en un bol y acompaña de crudités: arbolitos de coliflor, rabanitos, hojas de endivias, tomates cherry, palitos de zanahoria o apio, patatas hervidas...

[1] Si prefieres el dip *menos cremoso, puedes añadir más aceite.*

BROCHETAS DE TOFU, CALABACÍN Y MELOCOTÓN CON SALSA DE YOGUR

🕐 25 minutos

👤 4 personas
18 brochetas

2 melocotones
1 cebolla morada
2 paquetes de tofu
    ahumado
1 calabacín
9 tomates cherry
5 cucharadas de aceite
    de oliva
1 cucharadita de orégano
½ cucharadita de sal
pimienta

para la salsa de yogur
1 cup o 250 ml de yogur
    griego
1 diente de ajo
½ limón
1 cucharada de aceite
    de oliva
1 cucharadita de zumaque
½ cucharadita de sal
4 cucharadas de menta
    fresca

Estas brochetas son perfectas para variar un poco y sustituir las típicas de pollo. Además, si las preparas para una barbacoa, te irán genial porque puedes cocinar las verduras al grill. Procura que los melocotones no estén ni muy maduros ni muy verdes, sino justo en su punto. Es importante cortar todos los ingredientes de una forma similar; por ejemplo, en cubitos.

Si usas brochetas de madera, déjalas en remojo en agua unos minutos.

Corta los ingredientes: los melocotones, la cebolla morada, el tofu y el calabacín en cubitos, y los tomates cherry en dos a lo ancho.

Ve formando las brochetas con un trozo de cada ingrediente (no las llenes demasiado). En un bol pequeño, mezcla el aceite de oliva con el orégano, la sal y la pimienta, y, con un pincel, unta las brochetas.

Cocínalas en una sartén con un poco de aceite unos 6-7 minutos por cada lado o a la barbacoa unos 3-4 minutos por cada lado.

Para preparar la salsa, mezcla en un bol el yogur griego, el ajo rallado, la ralladura y el zumo de ½ limón, el aceite de oliva, el zumaque, la sal y la menta picada.

Sirve las brochetas acompañadas de la salsa de yogur.

'BABA GANOUSH' CON MISO, DÁTILES Y PISTACHOS

 50 minutos

 4 personas

4 berenjenas medianas
1 diente de ajo
2 cucharadas de aceite
   de oliva
cayena al gusto
⅓ de cup u 80 ml de tahini
1 limón
¾ de cucharadita de sal
2 cucharadas de miso
   blanco

sirve con
1 cucharada de aceite
   de oliva
2-3 dátiles Medjoul
⅓ de cup o 50 g
   de pistachos tostados
cebollino
cayena

Cuando planeamos un *brunch* o barbacoa, solemos pensar en recetas tipo *dips*. Por eso, en este capítulo, te propongo unos cuantos. El *baba ganoush* o paté de berenjenas es uno de mis platos favoritos del verano y, para darle mi toque, le he añadido miso y lo he servido con pistachos y dátiles. ¿Te apetece probarlo?

Enciende el horno a 200 °C y coloca las berenjenas limpias y enteras sobre una bandeja. Con las manos, úntalas con un poco de aceite de oliva y hornéalas unos 45 minutos.

Sácalas del horno, déjalas enfriar y, cuando estén frías, haz una incisión a lo largo y ábrelas.

Con una cuchara, sácales la pulpa y ponla en un bol o procesador de alimentos. Añade el ajo, el aceite de oliva, la cayena, el tahini, el zumo de limón, la sal y el miso blanco. Tritura poco a poco para que tenga textura y no quede un paté muy liso. Si lo haces en un bol, machaca los ingredientes con un tenedor y, en este caso, te recomiendo que ralles antes el diente de ajo.

Sirve en un bol, alisa el *dip* con una cuchara, aliña con un poco más de aceite de oliva y esparce por encima los dátiles y los pistachos troceados, el cebollino picado y una pizca de cayena.

TOFU AL ESTILO «HUEVOS REVUELTOS»

 10 minutos

 2 personas

1 cucharadita de aceite
   de oliva
1 paquete de tofu normal
½ diente de ajo (opcional)
2 cucharadas de levadura
   nutricional
½ cucharadita de sal
pimienta
½ cucharadita de cúrcuma
   en polvo
2 cucharadas de bebida
   vegetal

sirve con
cebollino fresco
tomates cherry

¡Ya lo sé! El tofu te aburre y te parece soso... Pero esta receta hará que cambie el concepto que tienes de él o, por lo menos, te mostrará una nueva forma de cocinarlo.

Muchas veces, cuando pensamos en *brunchs*, nos vienen a la cabeza unos huevos revueltos. Esta es una versión vegana, original y muy fácil de preparar.

Pon a calentar una sartén antiadherente a fuego medio y añade el aceite.

Con las manos, desmenuza el tofu directamente sobre la sartén, agrega el ajo rallado, mezcla y cocina unos 3-4 minutos, hasta que se dore y suelte el agua.

Incorpora la levadura nutricional, la sal, un toque de pimienta recién molida y la cúrcuma en polvo; mezcla y cocina durante un minuto mezclando con una espátula de madera. Añade, a continuación, la bebida vegetal, vuelve a mezclar, cocina 30 segundos y apaga.

A la hora de servir, esparce cebollino troceado por encima y acompáñalo con unos tomates cherry aliñados con aceite de oliva y sal.

CAMEMBERT HORNEADO CON ALBARICOQUES, MIEL, CAYENA Y ZATAR

 25 minutos

 4 personas

1 camembert francés
1 cucharada de aceite
   de oliva
1 cucharadita de miel
cayena
½ cucharadita de zatar
4 albaricoques
¼ de cup o 25 g de nueces

sirve con
cayena
zatar (una mezcla
   de tomillo, orégano,
   zumaque y semillas
   de sésamo)
tostadas
hojas de endivia

Lo maravilloso de esta receta es que es muy muy fácil de preparar, casi no necesitas utensilios y es superresultona. Si vas a llevarla a un *brunch* o barbacoa, te aconsejo que tengas los ingredientes ya listos, la hagas en el momento y la saborees con todo el queso derretido. La combinación del camembert fundido con los albaricoques asados, la miel, la cayena y el zatar es deliciosa.

Enciende el horno, saca el camembert de su cajita de madera y ponlo en una bandeja con papel de hornear. Con un cuchillo, hazle incisiones en diagonal hacia un sentido y luego hacia el otro para crear cruces.

Agrega el aceite, la miel, un poco de cayena y el zatar. A continuación, incorpora los albaricoques cortados en rodajas; si se caen por los lados, no pasa nada. Y, por último, añade un poco más de aceite de oliva por encima.

Hornea unos 15 minutos, abre el horno, esparce las nueces troceadas y hornea 5 minutos más.

Sirve con más cayena y zatar por encima, y acompáñalo de tostadas y hojas de endivia.

2.
FEELING GOOD

'PORRIDGE BANANA BREAD'

 15 minutos

2 personas

1 cup o 100 g de copos
de avena
2 cups o 500 ml de bebida
de nueces (u otra
bebida vegetal)
1 cup o 250 ml de agua
½ plátano maduro
una pizca de sal
½ cucharadita de canela
en polvo

para la cobertura
2 plátanos
1 cucharada
de mantequilla
1 cucharada de sirope
de arce
una pizca de sal
½ cucharadita de canela
en polvo
1 cucharada de nueces
pecanas

Soy superfán de los *porridges* y me encanta buscar mil combinaciones. Cuando estás malita o de bajón, en general, apetecen alimentos saciantes y reconfortantes, y un bol calentito puede ser la solución perfecta, y más si es con esta versión *banana bread*.

En una olla, pon los copos de avena, la bebida de nueces, el agua, el medio plátano machacado en puré, la sal y la canela. Mezcla y cocina a fuego medio unos 5-6 minutos revolviendo con una espátula hasta que la avena esté cocida.

Por otro lado, corta los otros dos plátanos por la mitad a lo largo. En una sartén, calienta la mantequilla, el sirope, la sal y la canela, y mezcla. Pasados unos segundos, agrega los plátanos y las nueces pecanas troceadas, y cocina a fuego medio unos 2 minutos por cada lado hasta que los plátanos empiecen a caramelizarse y las nueces a dorarse.

Sirve el *porridge* en boles y añade por encima un poco de mantequilla y los plátanos y las nueces caramelizados.

'CHAI LATTE'

 5 minutos

1 persona

El *chai latte* es como un abrazo en taza. Por muy cursi que pueda sonar, es así. Cuando lo único que quieres es tumbarte en el sofá con una manta, tu aliado es una buena taza de *chai latte*. Y la mejor noticia: se prepara en menos de 5 minutos.

1½ cups o 375 ml de bebida de avena caliente
1 bolsita de té chai o 1 cucharadita de té chai a granel
1 cucharadita de miel

cacao crudo en polvo

Calienta la bebida de avena hasta obtener la temperatura deseada. Ponla en la batidora (si lo permite) con el interior de la bolsa de té chai o el té de granel, agrega la miel y tritura durante un minuto.

Cuela y sirve bien calentito en una taza.

Puedes añadir un poco de espuma de leche y espolvorear cacao por encima.

CALDO RECONFORTANTE

 15 minutos
+ 1 h de cocción

4 personas

2 cucharadas de aceite
    de oliva
2 cebollas
1 cabeza de ajo
1 trozo de jengibre fresco
1 trozo de cúrcuma fresca
3 zanahorias
2 tallos de apio
1 puerro
2 cucharaditas de sal
4 tallos de perejil
½ cucharadita de granos
    de pimienta
5 cups o 1,25 l de agua
4 cucharadas de miso

sirve con
acelgas (opcional)

Creo que cuando una está un poco «chof», lo único que le apetece, aparte de tumbarse en el sofá y ver una buena peli, es un caldo nutritivo. Es pura medicina y un básico en la cocina. Prepara mucha cantidad y ten siempre una taza a mano.

En una olla grande, pon el aceite de oliva.

Corta las cebollas en dos con la piel, la cabeza de ajo cortada por arriba, el jengibre y la cúrcuma pelados, las zanahorias cortadas en rodajas en diagonal, el apio en rodajas gruesas, el puerro troceado, la sal, el perejil y los granos de pimienta. Agrégalo todo a la olla y cocina unos 5-8 minutos mezclando con una espátula.

Añade 5 cups (1,25 l) de agua, tapa la olla y cuece a fuego medio durante una hora. Retira del fuego, filtra el caldo y pon un poco en un bol. En este bol, añade el miso y mezcla para que se disuelva. Vierte la mezcla de nuevo en el caldo principal y remueve. Prueba y rectifica de sal, si es necesario.

Sirve tal cual o con acelgas picadas finamente.

RAMEN

 30 minutos +
30 minutos de reposo

4 personas

para el dashi
1 hoja de alga kombu
4 shiitakes deshidratados
2 cups o 500 ml de agua

1 cucharada de aceite
de sésamo
4 dientes de ajo
1 cucharada de jengibre
fresco picado
2 cebolletas
½ cucharadita de cayena
en escamas
1 cucharadita de
concentrado de tomate
3 cucharadas de tamari
1 cup o 250 ml de bebida
de soja
2 cucharadas de miso

sirve con
noodles para ramen
2 huevos
tofu
alga nori
acelgas
semillas de sésamo
cayena en escamas

El ramen es uno de mis platos favoritos y, si estoy con las pilas bajas, es lo que suele apetecerme: unos buenos noodles bañados en un caldo umami y servidos con tofu, cebolleta y con un toque picante. La clave del ramen es siempre el caldo y unos buenos noodles cocidos en su punto.

En un bol, pon el alga kombu, los shiitakes y el agua. Deja reposar 30 minutos. Luego introdúcelo en una olla, lleva a ebullición y apaga. Retira el alga y los shiitakes —guarda los shiitakes para luego ya que los vamos a reutilizar—, y reserva el agua en un bol. Este será tu dashi.

En la misma olla, añade el aceite de sésamo, el ajo picado, el jengibre y la parte blanca de las cebolletas picadas finamente (guarda la parte verde para el *topping*). Combina bien y cocina unos 2 minutos. Agrega la cayena en escamas, los shiitakes reservados picados, el concentrado de tomate y el tamari. Mezcla y dora 2 minutos más. Incorpora el agua del dashi y cocina unos 10 minutos. Por último, añade la bebida de soja y vuelve a mezclar.

En otra olla, cocina los noodles siguiendo las indicaciones del paquete.

Aparte, cuece también 2 huevos en agua hirviendo durante 6 minutos exactos. Escúrrelos y pélalos.

En un bol pequeño, pon un poco del caldo y vierte el miso, disuélvelo y vuelve a incorporarlo a la olla.

A la hora de servir, pon en cada bol unos noodles, añade un poco de caldo (que, si quieres, puedes filtrar), el tofu cortado en daditos, la parte verde de las cebolletas picadas, el alga nori picada, medio huevo cocido, unas acelgas picadas, semillas de sésamo y cayena en escamas.

'PAIN PERDU'

 10 minutos

2 personas

¿Qué pasa con los carbohidratos que cuando te encuentras mal te apetecen un montón? A mí me sienta de vicio un buen *pain perdu* (también conocido como *french toast* o «torrija»). Es ideal para desayunar, como *brunch* o, por qué no, de cena si lo que menos te apetece a última hora es cocinar.

1 huevo
½ cup o 125 ml de zumo de naranja
½ cup o 125 ml de bebida de avena
½ cucharadita de canela en polvo
una pizca de sal
4 rodajas de pan tipo brioche
mantequilla

sirve con
mantequilla
sirope de arce

En un bol ancho, bate el huevo con el zumo de naranja, la bebida de avena, la canela en polvo y la sal.

Corta el pan en rodajas gorditas, sumérgelas en la mezcla de huevo durante 1-2 minutos y dales la vuelta.

Calienta una sartén y añade la mantequilla. Cuando se haya fundido, pon las rodajas de pan y cocina unos 2 minutos por cada lado o hasta que estén doradas.

Sirve con un poco de mantequilla y sirope de arce.

ZUMO DE ZANAHORIA, JENGIBRE, CAYENA Y LIMA

 5 minutos

 2 personas

Cuando no puedo ni con mi alma, algo me pasa que me apetece mucho tomar zumos refrescantes, picantes y ácidos. ¡Esta receta es el combo perfecto!

6 zanahorias
1 naranja
1 lima
1 cucharadita de miel
1 trocito de jengibre
una pizca de cayena en escamas

Limpia las zanahorias y trocéalas. Pela la naranja y la lima. Pasa las zanahorias, la naranja y la lima por tu extractora de zumos.

Pon el zumo en la batidora y añade la miel, el jengibre y la cayena.

Tritúralo todo y sirve al momento.

ALUBIAS BLANCAS CON LIMÓN Y ROMERO

🕐 **60 minutos**
  + 12 h de remojo

 4 personas

500 g de alubias blancas secas (sin cocer)
½ cucharadita de bicarbonato de sodio
3 cucharaditas de sal
1 cebolla blanca
1 cabeza de ajo
⅓ de cup u 80 ml de aceite de oliva
½ limón
1 tallo de romero fresco
pimienta recién molida
2 cucharaditas de vinagre de manzana

Saber cocinar desde cero unas buenas legumbres —un plato nutritivo y sabroso— puede irnos de maravilla cuando estamos bajo mínimos. Aquí el secreto es dedicarle tiempo, un poco de sal y aceite de oliva.

Pon las alubias blancas en remojo en abundante agua durante toda la noche. Al día siguiente, escúrrelas e introdúcelas en una olla grande con mucha agua; esta debe sobresalir dos dedos de las alubias.

Añade el bicarbonato, la sal, la cebolla cortada en dos, la cabeza de ajo cortada por arriba, el aceite de oliva, el medio limón, el romero y un poco de pimienta. Cocina a fuego medio y ve quitando con una cuchara las impurezas que vayan apareciendo.

Prueba y, cuando las alubias estén un poco al dente —cremosas por dentro—, estarán listas (pueden pasar 40 minutos o más). Agrega el vinagre de manzana y apaga.

Prueba y rectifica al gusto.

Sirve calentito.

POLENTA CON PARMESANO Y TOMATES CHERRY

 25 minutos

 4 personas

para la salsa

2 cucharadas de aceite
   de oliva
4 dientes de ajo
2 chalotas
½ cucharadita de sal
½ cucharadita de orégano
2 cucharadas de
   concentrado de tomate
2 cups o 300 g de tomates
   cherry

para la polenta

6 cups o 1,5 l de agua
½ cucharadita de sal
1 cup o 170 g de polenta
⅓ de cup o 40 g
   de parmesano
30 g de mantequilla

sirve con

piñones tostados
albahaca fresca
parmesano

No se me ocurren muchas cosas más reconfortantes que un buen bol de polenta cremosa con salsa de tomate casera. La polenta es ese producto típico que compras y luego no sabes qué preparar con él. Este plato será tu aliado cuando necesites un extra de mimos.

En una sartén grande, pon el aceite de oliva, enciende el fuego a medio gas y añade los dientes de ajo picados finamente, las chalotas picadas y la sal. Cocina unos 4 minutos sin que se dore. Agrega el orégano y el concentrado de tomate, mezcla y dora 2 minutos. Incorpora los tomates cherry cortados en dos a lo largo y cuece unos 10 minutos. Aplasta los tomates un poco para que saquen su «jugo» y cocina 3-5 minutos más para que se espese la salsa. Prueba y rectifica al gusto.

Mientras tanto, prepara la polenta. Pon el agua en una olla grande y, cuando hierva, baja el fuego y deja unos 2 minutos sin hervir. Añade la sal. Luego incorpora la polenta y mezcla unos 5 minutos o hasta que esté hecha y tenga una textura más espesa. Agrega el parmesano rallado y la mantequilla, y no pares de mezclar.

Sirve la polenta con la salsa de tomates cherry, unos piñones tostados, un poco de albahaca fresca troceada y más parmesano rallado.

ARROZ, VERDES Y KIMCHI

15 minutos

 4 personas

En un bol, todos los alimentos parecen más apetecibles, ¿verdad? Y si es de arroz, kale, kimchi y alga nori... ¿se puede pedir más?

1 cucharada de aceite de sésamo o de oliva
3 dientes de ajo
1 cup o 150 g de kimchi
1 cucharada de tamari
2 puñados de kale
1½ cups o 300 g de arroz basmati integral cocido

sirve con
alga nori
semillas de sésamo tostadas
1 aguacate
kimchi

Este plato funciona mejor con arroz ya cocido o, si no, cocínalo antes de preparar el resto de la receta.

En una sartén grande, pon el aceite de sésamo u oliva y añade los dientes de ajo picados finamente. Cocina a fuego medio unos 2 minutos, añade el kimchi y dora un par de minutos más. Agrega el tamari y el kale picado. Cuece removiendo con una espátula durante unos 2-3 minutos.

Incorpora el arroz cocido y combínalo todo bien para que el arroz se impregne de kimchi. Deja que se cocine un par de minutos más.

Sirve de inmediato en un bol con un poco de alga nori picada, semillas de sésamo tostadas y el aguacate troceado. Vierte por encima un poco más de kimchi al gusto.

3.
CENA
PARA
DOS

TARTAR DE REMOLACHA

 30 minutos
+ 1-2 h de remojo
de las patatas

2 personas

para las patatas horneadas
4 patatas
2 cucharadas de aceite
de oliva
1 cucharadita de sal
pimienta

para el tartar
4 remolachas medianas
cocidas
2 cucharadas
de alcaparras
10 pepinillos
3 chalotas peladas
1 cucharada de cebollino
2 cucharaditas de mostaza
de Dijon
½ cucharadita de sal
pimienta

servir con
sal Maldon
ensalada verde

Aunque la remolacha no es una verdura que tenga mucho éxito en mi casa, a mí me encanta. En Bélgica hay un plato típico que es el tartar con patatas fritas. Esta es mi versión biotiful a base de remolacha cocida, alcaparras y pepinillos, y acompañada de patatas horneadas. ¡Conquistados!

Pela las patatas y córtalas en tiras para simular *les frites*. Colócalas en un bol y cúbrelas con agua durante 1-2 horas. Transcurrido este tiempo, escúrrelas bien y sécalas con un trapo. Enciende el horno a 200 °C y prepara una bandeja con papel de hornear.

Pon las patatas, alíñalas con aceite, sal y pimienta, remueve bien para que queden bien impregnadas y repártelas por toda la bandeja intentando que no se toquen entre sí. Hornea unos 30 minutos o hasta que estén doradas y crujientes.

Mientras tanto, pica finamente las remolachas, las alcaparras, los pepinillos, las chalotas y el cebollino (la intención es tenerlo todo bien picadito del mismo tamaño aprox.). Mezcla y agrega la mostaza, un poco de sal y pimienta. Remueve, prueba y rectifica al gusto. Guarda en la nevera hasta el momento de servir.

Saca las patatas de horno, añade un poco de sal Maldon por encima, sirve con el tartar de remolacha y una ensalada verde.

ENSALADA DE CÍTRICOS

 10 minutos

 2 personas

Las ensaladas sencillas y crudas me encantan, pero, según los ingredientes que se empleen, puede que no tengan mucho éxito entre los peques. Cuando estoy sola o con una amiga aprovecho y hago este tipo de ensaladas que llevan pocos ingredientes, pero que crean un contraste delicioso.

2 naranjas
1 pomelo rosa
1 aguacate
3 dátiles Medjoul
1 cucharada de aceite de oliva
sal
cayena en escamas
1 cucharada de jalapeños
1 cucharada de avellanas tostadas
zumaque
eneldo fresco

Pela los cítricos y córtalos en cubos o gajos. Pela el aguacate y córtalo también en cubos. Deshuesa los dátiles y pícalos un poco.

En un plato, pon el aceite de oliva y añade un poco de sal y de cayena. Coloca los trozos de naranja, pomelo y aguacate. Agrega los dátiles, los jalapeños y las avellanas troceadas.

Añade un poco de aceite de oliva y espolvorea zumaque y eneldo fresco picado por encima.

TACOS DE 'RADDICHIO'

 25 minutos
+ tiempo de reposo
cebolla encurtida

2 personas

Otra ensalada que podría ser el entrante de una cena romántica o de una comida entre amigas. Lleva también pocos ingredientes, pero juntos combinan de maravilla. El *radicchio* es una verdura poco empleada y mira que es bonita. Con esta receta le vamos a dar todo el protagonismo en forma de tacos riquísimos.

1 *radicchio*

para el relleno
½ cebolla morada
zumo de ½ limón
una pizca de sal + 1 pizca de sal
¼ de cup o 25 g de semillas de girasol
1 cucharadita de aceite de oliva
¼ de cucharadita de pimentón ahumado
80 g de queso de cabra
1 kaki
4 rabanitos
½ cup o 100 g de lentejas beluga cocidas

para la vinagreta
¼ de cup o 60 ml de tahini
1 cucharadita de mostaza
1 cucharadita de sirope de arce
una pizca de sal
cayena
2 cucharadas de agua

sirve con
cebollino fresco picado

Corta la cebolla en láminas finas y ponla en un bol pequeño. Añade el zumo de limón y una pizca de sal. Mezcla y
deja reposar 30 minutos.

En una sartén, dora las semillas de girasol con un poco
de aceite de oliva, otra pizca de sal y el pimentón ahumado.

Prepara la vinagreta mezclando en un bol el tahini, la
mostaza, el sirope de arce, la sal, la cayena y el agua. Combina bien hasta que esté lisa.

Ahora coge el *radicchio* y, con cuidado, quítale las hojas:
las usarás de tacos.

Trocea el queso de cabra en daditos y haz lo mismo con
el kaki. Corta los rabanitos en gajos.

Rellena los tacos de *radicchio* con las lentejas, el queso
de cabra, el kaki, los rabanitos, la cebolla encurtida y las semillas de girasol. Riega con un poco de vinagreta de tahini y
mostaza. Por último, añade un poco de cebollino fresco
cortado por encima.

CURRY DE BERENJENAS, KIMCHI, CACAHUETES Y CILANTRO

 40 minutos

 2 personas

¿A quién no le gusta el curry? A mí podrías conquistarme con un buen bol, una chimenea y algo de música molona. ¡Así de fácil! Este curry lleva berenjena melosa, kimchi y cacahuetes crujientes. La chimenea está lista...

2 berenjenas medianas
2 cucharadas de aceite de oliva
sal
pimienta

para la salsa
2 cucharadas de aceite de coco
2 chalotas
½ cucharadita de comino molido
1 cucharadita de curry molido
2 cucharaditas de jengibre molido
2 cucharaditas de cúrcuma molida
cayena en escamas
3 dientes de ajo
1 cup o 250 ml de tomate pelado de bote
1 lata de 400 ml de leche de coco
1 cucharada de mantequilla de cacahuete

servir con
kimchi
⅓ de cup o 50 g de cacahuetes tostados
cilantro fresco
cayena en escamas

Enciende el horno a 190 °C y prepara una bandeja con papel de hornear. Limpia y corta las berenjenas en cubos. Añade un poco de aceite de oliva, sal y pimienta. Mezcla bien y reparte sobre la bandeja. Hornea unos 25 minutos removiendo a mitad de la cocción.

Mientras tanto, en una olla a fuego lento pon el aceite de coco y agrega las chalotas picadas finamente, el comino, el curry, el jengibre, la cúrcuma y un poco de cayena en escamas, y mezcla con una espátula. Cocina unos 3 minutos. Incorpora los ajos picados y cocina un minuto más. Por último, añade el tomate pelado y la leche de coco, y cuece 5 minutos.

Viértelo todo en una batidora, añade la mantequilla de cacahuete y tritura hasta obtener una salsa lisa y cremosa. Prueba y rectifica de sal si fuera necesario.

Vuelve a poner la salsa en la olla y agrega ahora la berenjena. Cocina 2 minutos.

Sirve en boles con un poco de kimchi, los cacahuetes troceados, cilantro fresco y cayena en escamas al gusto.

COL BRASEADA CON SALSA DE COCO Y JENGIBRE

 30 minutos

 2 personas

1 col blanca pequeña
sal
1 cucharada de aceite
    de oliva

para la salsa
2 chalotas
1 diente de ajo
1 cucharadita de aceite
    de coco
1 cucharadita de curry
    molido
1 cucharadita de cúrcuma
    molida
2 cucharaditas de jengibre
    fresco rallado
¾ de cup o 200 ml
    de leche de coco thai
½ cucharadita de sal
1 cucharadita de zumo
    de lima

sirve con
cilantro fresco
semillas de sésamo
    tostadas

Me encantan las coles de todo tipo. Creo que es una verdura poco glamurosa y, por lo tanto, poco aprovechada. Vamos a devolverle todo el esplendor que se merece con esta receta en la que la cocinaremos de dos formas.

Primero, prepara la salsa. Pica las chalotas y el diente de ajo. En una sartén, pon el aceite de coco y añade las chalotas y el ajo picados, el curry, la cúrcuma y el jengibre rallado, y cocina a fuego medio durante 3 minutos. Incorpora la leche de coco y cocina un par de minutos más. Ponlo todo en la batidora y agrega la sal y el zumo de lima. Tritura hasta que quede una salsa bien cremosa. Prueba y rectifica al gusto.

Ahora coge la col, quítale las hojas más gruesas de fuera y córtala en gajos. Pon agua a hervir con un poco de sal y, cuando hierva, añade la col. Cocina unos 6 minutos y escurre.

En una sartén con un poco de aceite de oliva, dora la col unos 2-3 minutos de cada lado.

Sirve los gajos de col acompañados de salsa, un poco de cilantro fresco y semillas de sésamo.

RISOTTO DE QUESO CON SETAS CRUJIENTES

 35 minutos

 2 personas

El risotto es el plato que yo prepararía para conquistar o impresionar a alguien. No es una receta difícil: el truco es tener todos los ingredientes listos en el momento en que vayas a cocinarlo. La base es sencilla, de queso, y se sirve con shiitakes crujientes para lograr un contraste de texturas.

para las setas
300 g de shiitakes frescos
4 dientes de ajo
2 cucharadas de aceite de oliva
½ cucharadita de sal
pimienta recién molida
una pizca de cayena en escamas
1 cucharadita de tomillo fresco

½ cebolla blanca
1 cucharada de mantequilla + 2 cucharadas
    de mantequilla
3 cucharadas de aceite de oliva
½ cucharadita de sal
1 cup o 200 g de arroz arborio
⅓ de cup u 80 ml de vino blanco
4 cups o 1 l de caldo vegetal
1 cup o 100 g de parmesano

servir con
parmesano
pimienta

Enciende el horno a 200 °C. Limpia con cuidado los shiitakes frescos y córtalos en dos. Colócalos en una bandeja mediana de horno y añade los ajos picados finamente, el aceite de oliva, la sal, un poco de pimienta recién molida, una pizca de cayena en escamas y tomillo fresco picado. Combínalo todo bien y hornea unos 25-30 minutos o hasta que las setas estén crujientes y doradas.

Mientras tanto, pica la cebolla finamente y calienta el caldo vegetal.

En una olla grande, pon una cucharada de mantequilla y el aceite de oliva. Agrega la cebolla picada con la sal. Mezcla y cocina a fuego medio durante unos 5 minutos sin que se dore la cebolla. Incorpora el arroz y mezcla unos segundos. Añade el vino blanco, sube el fuego y deja que se evapore. A continuación, ve añadiendo el caldo poco a poco (1 cup o 250 ml cada vez); a medida que el arroz vaya absorbiéndolo, sigue añadiendo caldo hasta que el arroz esté en su punto. Por último, agrega el parmesano y dos cucharadas más de mantequilla, y mezcla bien.

Sirve enseguida en platos hondos, añade los shiitakes por encima y espolvorea más parmesano y pimienta al gusto.

PUERROS CARAMELIZADOS, BURRATA, AJOS NEGROS Y DUKKAH

 20 minutos

 2 personas

2 puerros medianos
1 cucharada
   de mantequilla
1 cucharada de sirope
   de arce
½ cucharadita de sal
1 cucharada de agua
1 burrata
1 cucharada de aceite
   de oliva
sal
pimienta recién molida
4 ajos negros
   desmenuzados
1 cucharada de avellanas
   horneadas
1 cucharada de semillas
   de sésamo tostadas

Esta elaboración es sencilla y puede resultar un entrante perfecto para una cena. Se caramelizan los puerros y se sirven con mozzarella y ajo negro desmenuzados, unas avellanas y sésamo por encima. ¡Pocos ingredientes, resultado impresionante!

Corta los puerros en dos a lo largo y límpialos bien para retirar posibles restos de tierra. Luego corta cada puerro en 3 trozos.

En una sartén a fuego medio, pon la mantequilla, el sirope de arce y la sal, y, a continuación, agrega los puerros bocabajo y el agua, y tapa. Cocina unos 5 minutos, dales la vuelta a los puerros y cuece 3 minutos más. Si lo ves necesario, añade otra cucharada de agua. La idea es que se caramelicen ligeramente.

En un plato, sirve los puerros, desmenuza la burrata por encima y aliña con un poco de aceite de oliva, sal y pimienta al gusto.

Por último, espolvorea el ajo negro desmenuzado, unas avellanas y semillas de sésamo tostadas por encima.

'CAKE' DECADENTE

 50 minutos
(+ 30 minutos de
remojo de los dátiles,
si fuera necesario)

👤 2 personas

1½ cups o 265 g de dátiles
Medjoul deshuesados
1 cup o 250 ml de bebida
de avena
⅓ de cup u 80 ml de aceite
de coco derretido
1 cucharadita de canela en
polvo
½ cucharadita de jengibre
en polvo
½ cucharadita de sal
1 cup o 170 g de azúcar
de coco
1 cup o 100 g de harina
de almendra
½ cup o 70 g de harina
de arroz
1 cucharadita de
bicarbonato de sodio

para la cobertura
100 g de chocolate negro
2 cucharadas de tahini
blanco

Cuando estuve viviendo en Vietnam unos meses, visité todos los bares y cafeterías que pude. Y en una de estas, probé el *cake* tipo pudin vegano de dátiles más increíble que he probado jamás. ¡En plan NUNCA! Esta es mi recreación.

Precalienta el horno a 160 °C y prepara un molde redondo de unos 20-22 cm de diámetro con papel de hornear o aceite de coco.

(Si tu procesadora de alimentos no es muy potente, te recomiendo dejar en agua hirviendo los dátiles deshuesados durante 30 minutos y luego escurrirlos). Pon los dátiles deshuesados en la procesadora y añade la bebida de avena, el aceite de coco, la canela, el jengibre, la sal y el azúcar de coco. Tritura hasta obtener una textura bien lisa y cremosa.

Viértelo todo en un bol e incorpora la harina de almendra, la de arroz y el bicarbonato. Mezcla con una espátula hasta que quede una masa lisa.

A continuación, ponlo en el molde y hornea unos 40 minutos hasta que el *cake* esté hecho. Deja que se enfríe antes de desmoldarlo.

Mientras el *cake* se está haciendo, funde el chocolate negro al baño maría. Una vez derretido, agrega el tahini y mezcla bien.

Sirve cada trozo de *cake* con un poco de salsa de chocolate y tahini.

'VEGAN AFFOGATO'

 10 minutos
+ 2-3 h de remojo
de los anacardos
+ 6 h de congelación

2 personas

Algo tiene la combinación de café, chocolate y helado de vainilla que me flipa. El helado es vegano a base de anacardos y vainilla; en el momento de servir, añade unos trocitos de chocolate negro y café por encima. ¡Mi toque dulce ideal para acabar una cena de 10!

2 cups o 500 g de anacardos crudos
1 cucharadita de vainilla
4 cucharadas de sirope de arce
una pizca de sal
1 lata de 400 ml de leche de coco thai

sirve con
½ cup o 125 ml de café expreso
2 cucharadas de chocolate negro rallado

Deja los anacardos en remojo durante 2-3 h. Pasado este tiempo, escúrrelos y ponlos en la batidora junto con la vainilla, el sirope de arce, la sal y la leche de coco thai. Tritura hasta que quede bien liso y cremoso. Vierte en un molde mediano y congela mínimo 6 horas.

Retira el helado del congelador unos minutos antes de servir y prepara café. Haz bolas con el helado y colócalas en vasos. Ralla un poco de chocolate negro por encima y vierte el café también por encima del helado. ¡Y a disfrutar!

4.
FIESTAS
EN FAMILIA

'DIP' DE FETA Y CEBOLLINO CON RABANITOS HORNEADOS

 25 minutos

 4 personas

1 manojo de rabanitos
1 cucharada de aceite
    de oliva
½ cucharadita de sal
pimienta al gusto
½ cucharadita
    de zumaque

para el dip
70 g de queso feta
½ cup o 125 ml de yogur
    griego
ralladura de 1 limón
½ cucharadita de sal
2 cucharadas de cebollino
    fresco
Pimienta

sirve con
aceite de oliva
ralladura de limón

¿Tienes un evento especial y no sabes qué llevar? Pues este plato es bastante original (¡o eso creo yo!), no lleva ingredientes raros y es rápido de preparar. La base es una mezcla de feta, yogur y cebollino, y lo sirves con unos rabanitos horneados por encima. *Et voilà!*

Enciende el horno a 200 °C y prepara una bandeja con papel de hornear. Limpia los rabanitos y córtalos en dos a lo largo. Colócalos sobre la bandeja y añade el aceite de oliva, la sal, la pimienta y el zumaque. Combina bien y repártelos sobre la bandeja. Hornea unos 20 minutos.

Mientras tanto, en un bol desmenuza el queso feta y agrega el yogur griego, la ralladura de limón, la sal, el cebollino picado y un poco de pimienta. Mezcla con un tenedor para obtener una textura cremosa (si quedan trocitos de feta, no pasa nada).

Reparte el *dip* sobre un plato y acompáñalo con los rabanitos asados. Aliña con un poco más de aceite de oliva y espolvorea ralladura de limón por encima.

PATATAS HASSELBACK CON PARMESANO Y SALVIA

 40 minutos

 4 personas

20 patatas pequeñas
2 cucharadas aceite
    de oliva
2 dientes de ajo
¾ de cucharadita de sal
pimienta

para la salsa
¼ de cup o 25 g
    de parmesano
⅓ de cup o 35 g
    de pistachos tostados
1 diente de ajo
una pizca de sal
4 hojas de salvia

sirve con
2 cucharadas
    de mantequilla
10-15 hojas de salvia

Las patatas hasselback son la forma ideal de cocinar las patatas durante las fiestas y es que, simplemente dándoles un corte especial, se consigue una capa crujiente y adictiva. Al final de esta receta añado una mezcla de parmesano, pistachos y salvia para dar más sabor y mayor toque *crunchy*.

Enciende el horno a 200 °C y prepara una bandeja de hornear. Limpia las patatas y hazles cortes a lo ancho sin llegar a cortarlas por completo. El secreto está en que los cortes sean muy finos; un truco es colocar dos palillos a ambos lados de cada patata y, con un cuchillo afilado, hacer rodajas finas de un extremo al otro.

Una vez cortadas, coloca las patatas sobre la bandeja y añade el aceite, los ajos rallados, la sal y la pimienta, y mezcla bien. Hornea unos 35 minutos.

Mientras tanto, pon el parmesano troceado, los pistachos, el ajo picado, la sal y las hojas de salvia en el procesador de alimentos o minipimer. Tritura hasta obtener una textura semejante a un *crumble*.

En una sartén a fuego lento, pon la mantequilla y agrega las hojas de salvia limpias. Cocínalas unos 3 minutos o hasta que estén crujientes, y resérvalas en un plato.

Cuando falten 5 minutos para que las patatas estén hechas, incorpora un poco de la mezcla de parmesano y pistachos por encima de cada una y hornea 5 minutos más.

Sirve enseguida con las hojas de salvia por encima.

LASAÑA RAGÚ DE CHAMPIÑONES

🕐 1 hora y 20 min

1 lasaña

12 hojas de lasaña

1 kg de champiñones
    de París o Portobello
2 cucharadas de aceite
    de oliva
1 cebolla
una pizca de sal
5 dientes de ajo
⅓ de cup u 80 ml de
    concentrado de tomate
8 tomates semisecos
una pizca de cayena
    (opcional)
1½ cups o 375 ml de caldo
    vegetal
2 cups o 500 ml de tomate
    pelado
1 cup o 250 ml de crema
    de avena o nata para
    cocinar
pimienta
200 g de queso rallado
    tipo gruyere

Un día preparé un ragú de champiñones que estaba delicioso y para Navidad pensé en hacer la versión lasaña. ¡Es la mejor lasaña que he hecho jamás! Además, es bastante fácil de elaborar y puedes dejarla lista unas horas antes y gratinar justo antes de la cena. Tiene todo el sabor umami de las setas.

Limpia con cuidado los champiñones y quítales el sobrante de tierra que puedan tener. Córtalos en cuatro y ponlos por tandas en un procesador de alimentos o minipimer. Procesa hasta obtener trocitos pequeños.

En una olla grande, calienta el aceite de oliva y añade la cebolla picada y la sal. Cuando la cebolla esté translúcida y un poco caramelizada, agrega los ajos rallados, el concentrado de tomate, los tomates semisecos picados y un poco de cayena. Dora unos 5 minutos sin que se queme el concentrado de tomate.

Incorpora los champiñones troceados a la olla y cuece unos 20-25 minutos sin dejar de remover. Una vez dorados, añade el caldo y deja que se reduzca durante unos 20 minutos. Intentamos obtener la textura de un ragú.

Agrega el tomate pelado y la crema de avena, y cocina durante 5 minutos más. Reajusta la sal y la pimienta al gusto. Enciende el horno a 200 °C.

Monta la lasaña. En una bandeja de hornear rectangular mediana, pon 2-3 cucharadas de ragú de champiñones en el fondo, agrega una hoja de lasaña, otra capa de ragú, un poco de queso rallado y otra hoja de lasaña, y sigue poniendo capas en el mismo orden hasta terminar con una última capa de ragú. Espolvorea el resto del gruyere rallado por encima.

Tapa con papel de hornear, hornea unos 25 minutos, destapa y gratina 6 minutos. Deja que se enfríe 4 minutos y sirve.

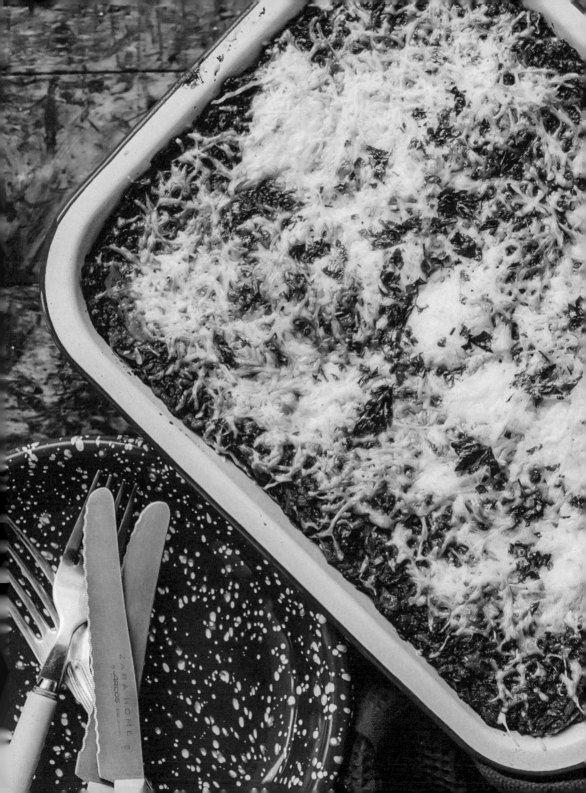

'CAKE' DE LENTEJAS, CHAMPIÑONES Y FRUTOS SECOS

 1 hora y 20 minutos

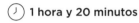 1 *cake*

Esta propuesta es una versión vegetariana del típico *cake* salado de carne de Navidad. Lleva verduras variadas, lentejas y frutos secos. Te aconsejo acompañarlo con un chutney de mango o con el *gravy* que encontrarás en este mismo capítulo.

1 cucharada de aceite de oliva
1 cebolla blanca
2 tallos de apio
2 dientes de ajo
200 g de champiñones
5 tomates secos
1 zanahoria
1 cucharadita de pimentón ahumado
1 cucharadita de orégano seco
2 cucharadas de aceitunas verdes
2 cucharadas de concentrado de tomate
½ cup o 100 g de lentejas rojas no cocidas
400 ml de caldo vegetal
1 cup o 100 g de copos de avena
1 cup o 150 g de avellanas crudas
3 huevos
100 g de queso cheddar o gruyere
2 cucharadas de perejil

En una sartén grande, calienta el aceite y añade la cebolla, los apios y los ajos, todo picado. Con una espátula, remueve un poco y cocina a fuego medio unos 5-7 minutos. Agrega los champiñones limpios y cortados en cuatro, y cuece 8 minutos más, hasta que estos hayan soltado el agua.

Incorpora los tomates secos troceados, la zanahoria rallada, el pimentón ahumado y el orégano. Mezcla y cocina un minuto. A continuación, añade las aceitunas verdes troceadas.y el concentrado de tomate, y dora un par de minutos más.

Por último, agrega las lentejas rojas y el caldo vegetal, y baja el fuego. Cocina unos 20-22 minutos o hasta que las lentejas estén hechas. Luego deja que se enfríe unos minutos.

Enciende el horno a 190 °C y prepara un molde rectangular mediano de unos 22 × 11 cm con papel de hornear.

En un procesador de alimentos, tritura los copos de avena con las avellanas, pero no demasiado (pueden quedar grumos), y resérvalo en un bol.

En el mismo procesador, pon ahora la mezcla de champiñones y lentejas, y tritura unos pocos segundos. Vierte también esta mezcla en el bol con los copos de avena y añade los huevos, el cheddar rallado y el perejil picado. Combina bien hasta obtener una textura homogénea.

Vierte toda la masa en el molde rectangular que has preparado y hornea unos 40 minutos. Deja que se enfríe antes de cortar en rodajas.

BLOODY MERRY

 8 minutos

2 personas

3 cups o 750 ml de zumo
    de tomate de calidad

3 cucharadas de salsa
    Worcestershire
    (Lea&Perrins®)

1 cucharadita de sal
    de apio

2 limones

tabasco al gusto

pimienta

sal

hielo

45 ml de vodka por vaso
    (opcional)

sirve con

rodajas de limón

2 tallos de apio

pimienta fresca

Soy muy fan de los bloody mary bien hechos, con mucho limón, sal y un trocito de apio. Una amiga y yo preparamos esta versión para un evento prenavideño y tuvo tanto éxito que pensé en incluirla en el libro porque realmente fue un *biotiful moment*.

En un tarro grande, mezcla el zumo de tomate, la salsa Worcestershire, la sal de apio y el zumo de un limón y medio. Agrega un poquito de tabasco, a tu gusto, y combina.

Ahora añade bien de pimienta y sal, y vuelve a mezclar. Prueba y rectifica lo que sea necesario.

Coge dos vasos y moja los bordes con un trozo de limón. Pon sal en un bol ancho y coloca los vasos bocabajo para bañar también de sal los bordes. Si no te gusta, puedes omitir este paso.

Añade hielo en los vasos, vierte el combinado de tomate, el vodka, añade 1-2 rodajas de limón y un tallo de apio. Mezcla bien, espolvorea pimienta fresca y sirve.

HINOJO CARAMELIZADO CON RICOTTA Y ENELDO

 15 minutos

 4 personas

3 hinojos medianos
3-4 cucharadas
   de mantequilla
3 cucharadas de sirope
   de arce
sal

para la salsa
¾ de cup o 180 ml
   de ricotta
1 cucharada de aceite
   de oliva
ralladura de 1 limón
pimienta

sirve con
2 cucharadas de eneldo
   fresco

El hinojo es una de esas plantas olvidadas que nunca sabes bien cómo cocinar ni con qué combinar. Prueba a caramelizarlo con mantequilla y sirope de arce, y sírvelo con un poco de ricotta y eneldo. El resultado es un plato sencillo, pero muy original, con el que causarás sensación. Si no quieres usar ricotta, sustitúyela por un queso vegano de textura similar.

Limpia los hinojos y córtalos en rodajas muy finas con un cuchillo afilado o mandolina.

En una sartén grande a fuego medio, añade una cucharada de mantequilla, una de sirope y una pizca de sal. Cuando se haya derretido un poco, agrega unas rodajas de hinojo y cocina unos 3-4 minutos de cada lado, hasta que cojan un color más oscuro y se caramelicen.

Colócalas en un plato para servir y repite el paso anterior con el resto de las rodajas, la mantequilla, el sirope y algo de sal.

En un bol, mezcla la ricotta con el aceite de oliva, la ralladura de limón y un poco de pimienta.

Pon todas las rodajas de hinojo en el plato, reparte cucharadas de ricotta y espolvorea el eneldo fresco por encima.

'GRAVY' VEGETARIANO

 1 hora

 1 *cake*

1 cucharada de aceite
   de oliva
3 chalotas
½ cucharadita de tomillo
   fresco
400 g de champiñones
pimienta
sal
3 dientes de ajo
2 cucharaditas de tamari
1 patata
3 cups o 750 ml de caldo
   vegetal
1 cucharada de miso
½ cup o 125 ml de crema
   de avena

Esta preparación es más un acompañamiento que un plato en sí, pero a veces lo que necesitas es una buena salsa que acabe de ligar la receta. El *gravy* es una salsa típica de Navidades en el Reino Unido y esta es mi propuesta vegetariana. Combina con el *cake* de lentejas y champiñones de este capítulo, con un buen puré de patatas o con unas albóndigas.

En una olla mediana, calienta el aceite de oliva y añade las chalotas peladas y troceadas con un poco de tomillo fresco. Cocina unos 5 minutos a fuego medio hasta que empiecen a caramelizarse.

Agrega los champiñones limpios y cortados en cuatro, combina bien, pon pimienta al gusto y deja que se cocine unos 8-10 minutos más mezclando de vez en cuando.

Cuando los champiñones hayan soltado el agua y empiecen a dorarse, añade la sal y los ajos rallados. Mezcla y cocina 2 minutos. Incorpora el tamari, mezcla de nuevo y añade la patata pelada y cortada en dados.

Por último, agrega el caldo vegetal, tapa, cocina unos 20 minutos o hasta que la patata esté hecha y añade el miso y la crema de avena.

Apaga el fuego y tritúralo todo hasta obtener una textura bien cremosa. Prueba y rectifica al gusto.

TRUFAS DE CHOCOLATE, TAHINI Y SAL

**15 minutos
+ 2 horas de
congelación**

20 trufas

Las trufas son mi postre favorito, ideales para hacer de la ocasión algo especial. Son fáciles de preparar y el resultado siempre es buenísimo. Estas llevan chocolate fundido, leche de coco, tahini y sal. Añade dentro, si quieres, unos *nibs* de cacao para darles un toque crujiente.

200 g de chocolate negro
2 cucharadas de leche de coco thai
¾ de cup o 180 ml de tahini
2 cucharadas de sirope de arce
una pizca de sal
½ cucharadita de vainilla en polvo
1 cucharada de *nibs* de cacao (opcional)

cacao crudo en polvo

Derrite el chocolate negro al baño maría. Cuando esté fundido, apaga el fuego y añade la leche de coco, mezcla y deja que repose unos segundos.

Agrega el tahini, el sirope, la sal, la vainilla y los *nibs* de cacao (opcional), y mezcla bien hasta obtener una textura homogénea.

Introduce la mezcla en el congelador durante 2 horas. Saca y deja a temperatura ambiente unos minutos. Luego forma bolitas con las manos.

Pon un poco de cacao crudo en polvo en una bandeja y reboza las trufas.

Se conservan dos semanas en la nevera.

TIRAMISÚ VEGANO Y SIN GLUTEN

 30 minutos
+ 2-3 horas de remojo
de los anacardos
+ 3 horas de reposo
en la nevera

4-6 personas

Hacer un tiramisú vegano implica correr cierto riesgo porque los amantes de este postre querrán su buena dosis con gluten y mascarpone. Pero creo que, para aquellos a los que nos sientan fatal ambas cosas, esta alternativa es un regalo.

para la base de bizcocho
1 cup o 140 g de harina de arroz
1 cup o 100 g + 2 cucharadas de harina de almendras
½ cucharadita de sal
½ cucharadita de bicarbonato de sodio
1 cucharadita de canela en polvo
¼ de cup o 40 g de azúcar de coco
¾ de cup + 1 cucharada o 200 ml de leche vegetal
⅓ de cup u 80 ml de sirope de arce
1 cup o 250 ml de café recién hecho

para el mascarpone vegano
2½ cups o 375 g de anacardos crudos
¾ de cup o 180 ml de leche de coco thai
⅓ de cup u 80 ml de sirope de arce
¼ de cup o 60 ml de zumo de limón
1 cucharadita de vainilla en polvo
½ cucharadita de sal
¼ de cucharadita de levadura nutricional
⅓ de cup u 80 ml de aceite de coco derretido

sirve con
cacao crudo en polvo
chocolate negro

Recuerda dejar los anacardos en remojo en agua durante 2-3 horas.

Precalienta el horno a 180 °C y prepara una bandeja rectangular mediana de unos 25 × 10 cm con papel de hornear.

En un bol, combina los ingredientes secos: las dos harinas, la sal, el bicarbonato, la canela y el azúcar de coco. Mezcla bien para que no haya grumos.

En otro bol, mezcla la leche vegetal con el sirope de arce. Añade los ingredientes secos y remueve con una espátula hasta obtener una masa lisa. Vierte en la bandeja que has preparado y hornea unos 13-15 minutos. Deja reposar unos 5 minutos y corta el bizcocho por la parte ancha en rodajas de 1 cm de grosor. Con un cuchillo, separa unas rodajas de otras con cuidado y hornea unos 8 minutos más.

Ahora prepara el mascarpone vegano. Escurre los anacardos y ponlos en una batidora potente junto con la leche de coco, el sirope, el zumo de limón, la vainilla, la sal y la levadura nutricional. Tritura unos segundos. Con la máquina en marcha, vierte el aceite de coco derretido y tritura hasta obtener una textura bien cremosa y sin grumos.

Haz café y ponlo en un táper rectangular. Coge 4-6 vasitos. Remoja los trocitos de bizcocho en el café y sácalos enseguida.

Haz una primera capa de bizcocho y esparce por encima otra de mascarpone. Repite este paso hasta terminar el tiramisú con una última capa de mascarpone. Deja reposar unas 3 horas en la nevera.

En el momento de servir, espolvorea cacao crudo en polvo y, si quieres, unas láminas de chocolate negro.

5.
DE PÍCNIC

MUFFINS SALADOS

 30 minutos

 10 muffins

1 cup o 100 g de harina
de almendras

½ cup o 70 g de harina
de arroz

½ cucharadita de sal

2 cucharaditas de levadura

1 remolacha cruda
pequeña

2 zanahorias medianas

2 huevos

1½ cups o 150 g de queso
emmental o gouda

⅓ de cup u 80 ml de aceite
de oliva

½ cup o 125 ml de bebida
de avena

Cuando planeas un pícnic, piensas de manera automática en algo que puedas coger fácilmente con las manos y con lo que no te ensucies demasiado. Estos muffins son perfectos para ir de excursión y, además, llevan verduritas camufladas. Solo te queda escoger tu queso favorito: un emmental o gouda rallado...

Precalienta el horno a 185 °C. Prepara un molde para muffins untándolos con un poco de aceite de oliva.

En un bol, combina los ingredientes secos: las dos harinas, la sal y la levadura.

Limpia y ralla las verduras.

Bate los huevos con ¾ partes del queso rallado, el aceite de oliva y la bebida de avena. Incorpóralos en el bol de los ingredientes secos y mezcla con una espátula. Añade las verduras y vuelve a mezclar con cuidado.

Rellena ¾ partes de cada hueco del molde, esparce el resto del queso rallado por encima y hornea unos 20-22 minutos o hasta que estén hechos y dorados.

Deja que se enfríen antes de desmoldarlos.

'DIP' DE GARBANZOS, PIMIENTOS ROJOS ASADOS Y HARISSA

 10 minutos

 4 personas

250 g de pimientos rojos
   asados
2 cucharaditas de harissa
   suave (o más, si lo
   prefieres)
1½ cup o 240 g
   de garbanzos cocidos
⅓ de cup u 80 ml de tahini
zumo de 1 limón
1 cucharada de aceite
   de oliva
½ cucharadita de sal

sirve con
aceite de oliva
pimentón ahumado

Lo más cómodo de llevar de pícnic es un *dip* que puedes preparar con antelación y es fácil de combinar y transportar. Esta propuesta es muy colorida y cremosa gracias a los pimientos rojos y al tahini. El toque de harissa le aporta gran sabor.

En un procesador de alimentos, pon los pimientos rojos asados, la harissa, los garbanzos escurridos, el tahini, el zumo de limón, el aceite de oliva y un poco de sal. Tritura hasta obtener una textura bien cremosa. Si lo ves necesario, agrega una o dos cucharadas de agua. Prueba y rectifica al gusto.

Sirve en un bol y, con la parte trasera de una cuchara, alisa el *dip*. (Yo, a continuación, lo que hago es añadir una o dos cucharaditas de harissa y, con una pajita, crear ondulaciones. Y lo mismo con un poco de tahini: añado dos cucharaditas de tahini y luego hago las ondulaciones).

Por último, pon un poco de aceite de oliva y espolvorea pimentón ahumado por encima.

Acompaña con pan de pita, pan tostado, endivias o crudités. También puedes usarlo en sándwiches.

ENSALADA DE QUINOA PARA LA PLAYA

 20 minutos

4 personas

1½ cups o 300 g de quinoa

2¾ cups o 680 ml de agua
o caldo vegetal

1½ cups o 320 g
de garbanzos cocidos

1 pepino

2 nectarinas

para la vinagreta

⅓ de cup u 80 ml de aceite
de oliva

3 cucharadas de vinagre
de manzana

zumo de ½ limón

1 cucharadita de canela en
polvo

½ cucharadita de cúrcuma
en polvo

¼ de cucharadita de
jengibre en polvo

½ cucharadita de comino
en polvo

un toque de cayena

sal

⅓ de cup o 45 g de pasas

sirve con

3 cucharadas de menta
fresca

Un día de escapada a la playa, recuerdo que preparé esta ensalada con lo que encontré en la nevera. Es una receta muy sencilla de quinoa, pero si le añades una vinagreta con canela, cúrcuma, jengibre y comino, le das un toque especial. Es rápida de hacer y aguanta muy bien en el táper para que puedas disfrutar de un atardecer a la orilla del mar.

Limpia bien la quinoa y ponla en una olla con el agua o caldo vegetal. Lleva a ebullición, tapa, baja el fuego y cocina unos 12-14 minutos o hasta que el líquido se absorba o la quinoa esté hecha. Deja que se enfríe unos 4 minutos, remueve y deja que se enfríe del todo.

Escurre los garbanzos, pela y corta el pepino en dados y trocea las nectarinas en cubitos.

Prepara la vinagreta. En un tarro, mezcla el aceite de oliva, el vinagre de manzana, el zumo de limón, la canela, la cúrcuma, el jengibre, el comino, un poco de cayena y sal. Combina bien. Prueba y rectifica a tu gusto. A continuación, agrega las pasas para que se reblandezcan.

Cuando la quinoa ya esté fría, colócala en un bol grande o ensaladera y añade los garbanzos, el pepino y las nectarinas. Vierte la vinagreta con las pasas y espolvorea la menta fresca troceada por encima. Mezcla y prueba, y rectifica de limón o sal.

TORTILLA ENROLLADA

🕐 **10 minutos**

 2 personas

Un *snack* o aperitivo original. Se trata de una tortilla, sí. Pero enrollada y rellena de queso crema, calabacín y rúcula. Para que viaje de forma más segura y evitar que se abra, puedes pincharle unos palillos.

6 huevos
½ cucharadita de sal
pimienta
mantequilla o aceite de oliva
2 cucharadas de queso crema normal o vegano
1 calabacín
rúcula

Bate los huevos y añade sal y pimienta.

En una sartén antiadherente, pon un poquito de mantequilla o de aceite de oliva y, cuando esté caliente, vierte los huevos batidos y repártelos bien por toda la superficie moviendo la sartén en círculos. Deja que se cocinen entre 30 segundos y 1 minuto, o hasta que estén cuajados.

Coloca la tortilla sobre un plato, déjala enfriar unos minutos y úntala de queso crema.

Corta el calabacín en tiras con un pelador y pon las tiras sobre el queso crema. Añade un poco de rúcula por encima.

Enrolla con cuidado y corta en unos 6-7 *rolls*. Puedes colocar un palillo en cada uno para evitar que se abran.

BLINIS CON RICOTTA, HIGOS, CALABAZA, CEBOLLA ENCURTIDA Y ENELDO

🕐 **40 minutos**
+ 1 hora y 30 min de reposo de los blinis
+ 30 min de reposo de la cebolla

 24 blinis

Esta es la primera receta que me vino a la cabeza cuando empecé con este capítulo: los blinis o *minipancakes*. Puedes tenerlo todo preparado y montar los blinis al momento. Es un bocadito delicioso de finales de verano.

para los blinis
1 cup o 250 ml de bebida de avena
¾ de cup o 100 g de harina de trigo sarraceno
½ cup o 70 g de harina de arroz
½ cucharadita de sal
1 cucharadita de levadura seca
2 cucharadas de mantequilla derretida
1 huevo con la clara y la yema separadas
¾ de cup o 180 ml de *buttermilk*[1]
mantequilla

para la calabaza asada
½ calabaza cacahuete
aceite de oliva
sal

para la cebolla encurtida
1 cebolla morada
⅓ de cup u 80 ml de agua
⅓ de cup u 80 ml de vinagre de manzana
½ cucharadita de sal

[1] *O suero de leche. Mezcla 180 ml de bebida vegetal con una cucharadita de vinagre de manzana*

sirve con
1 cup o 250 g de ricotta
10 higos
eneldo fresco
miel

Empieza preparando los blinis.

Calienta un poco la bebida de avena para que esté templada. Mezcla en un bol las dos harinas, la sal y la levadura. Vierte la leche templada, mezcla, cubre y deja que repose una hora.

Pasado este tiempo, agrega la mantequilla, la yema y el *buttermilk*.

Bate la clara a punto de nieve e incorpórala mezclando con cuidado con una espátula. Deja reposar de nuevo 30 minutos.

Enciende el horno a 200 °C y prepara una bandeja con papel de hornear.

Pela y corta la calabaza en daditos y mézclala con un poco de aceite y sal. Hornea unos 25 minutos.

Pela y corta la cebolla en rodajas finas. Ponla en un tarro con el agua, el vinagre de manzana y la sal. Mezcla y deja reposar 30 minutos.

En una sartén antiadherente, calienta un poco de mantequilla a fuego medio. Añade una o dos cucharadas de la masa de los blinis. Cuando aparezcan burbujitas, dale la vuelta y cocina un minuto más. Repite hasta agotar la masa.

Sirve cada blini con una cucharada de ricotta, daditos de calabaza, un poco de cebolla encurtida, gajos de higos, una pizca de eneldo fresco picado y una cucharadita de miel por encima.

'GALETTE' DE TOMATE, CALABAZA Y ZATAR

🕐 1 hora y 15 minutos

⚃ 1 *galette*

para la masa

1 cup o 100 g de harina
   de almendras

1 cup o 100 g de harina
   de avena

⅓ de cup o 40 g de harina
   de arroz

½ cucharadita de sal

1 cucharadita de zatar

⅓ de cup u 80 ml de tahini

100 ml de agua

1 huevo

para el relleno

½ calabaza cacahuete

2 tomates

1 puñado de tomates
   cherry

sal

pimienta

zatar

Mediados de septiembre y tienes que traer algo para un pícnic. Esta *galette* rústica combina el tomate de la temporada estival con la calabaza del inicio del otoño y tiene un toque de zatar. Es una tarta diferente, original y riquísima. Sírvela con una buena ensalada. Aquí te propongo la receta de una masa casera sin gluten, pero puedes comprarla hecha, si lo prefieres, y ahorrar tiempo.

Enciende el horno a 200 °C. Corta la media calabaza en dos a lo largo, pon un cuarto boca abajo y hornea unos 30 minutos. Deja que se enfríe y saca ½ cup o 125 g de puré de calabaza.

Mientras tanto, prepara la masa. En un procesador de alimentos, añade las tres harinas, la sal, el zatar, el tahini y el agua, y procesa hasta obtener una bola homogénea. Si está muy seca, puedes agregar una cucharada más de agua.

Coloca la masa sobre una hoja de papel de hornear y pon otra hoja encima. Con las palmas de las manos, aplástala un poco y, con la ayuda de un rodillo, amásala hasta conseguir una forma más o menos redonda, de unos 25 cm de diámetro y 3 mm de grosor.

Reparte el puré de calabaza por el centro dejando 5 cm libres en cada lado.

Corta los tomates en rodajas y repártelos también sobre el puré de calabaza. Con la ayuda del papel de hornear de abajo, cierra los laterales encima de algunos tomates. Refrigera unos 30 minutos. Salpimienta y añade zatar por encima.

Bate el huevo y, con un pincel, unta el borde de la tarta.

Hornea a 190 °C unos 35-40 minutos o hasta que esté dorada. Deja enfriar 5 minutos antes de cortarla y servir.

ENSALADA DE MAÍZ TOSTADO, CILANTRO, CACAHUETES Y LIMA

🕐 **30 minutos**

 4 personas

aceite de oliva

3 mazorcas de maíz

cayena

sal

2 puñados de tomates
cherry

1 cup o 20 g de cilantro
fresco

⅓ de cup o 40 g
de cacahuetes

80 g de queso feta

unos 8 jalapeños

para la vinagreta

⅓ de cup u 80 ml de aceite
de oliva

2 cucharadas de vinagre
de manzana

zumo de 1 lima

1 cucharadita de sirope
de arce

2 dientes de ajo

½ cucharadita de harissa
(opcional)

sal

pimienta

cayena

Esta ensalada es tan fácil de preparar que te sorprenderá lo rica que está. El secreto se encuentra en el contraste de texturas. Lo tiene todo: maíz salteado, cacahuete horneado, cilantro fresco, tomate jugoso, queso feta cremoso y el toque picante del jalapeño.

En una sartén, añade un poquito de aceite de oliva y dora las mazorcas de maíz unos 8 minutos, pon un poco de cayena y sal, y ve girándolas para que se doren de todos los lados.

Mientras tanto, corta los tomates por la mitad a lo ancho, pica el cilantro finamente (guarda unas hojas para la decoración) y hornea los cacahuetes unos 12 minutos a 170 °C.

En un bol pequeño, mezcla el aceite de oliva, el vinagre de manzana, el zumo de lima, el sirope de arce, los ajos machacados, la harissa, sal, pimienta y un poco de cayena.

Desmenuza el maíz con un cuchillo. Ponlo en un bol grande con los tomates cherry cortados, añade la vinagreta y combina bien. Agrega el cilantro picado, el queso feta troceado, los cacahuetes tostados y los jalapeños. Esparce por encima más cilantro.

ENSALADA DE NOODLES Y MISO EN TARRO

 25 minutos

 1 persona

Esta ensalada de noodles en tarro es fácil de transportar y todo un descubrimiento. Viertes agua caliente por encima en el momento de servir iy tienes un superplato preparado en un pim pam pum!

2 cucharadas de miso blanco
2 cucharadas de tamari
2 cucharaditas de jengibre fresco rallado
un toque de cayena en escamas
1 chalota
1 puñado pequeño de shiitakes deshidratados
½ calabacín
½ cup u 80 g de noodles de arroz
½ cup o 10 g de espinacas
1 cucharada de albahaca

Coge un tarro mediano, de unos 750 ml, y añade el miso, el tamari, el jengibre fresco rallado y un poco de cayena.

Agrega la chalota picada finamente, los shiitakes y el calabacín espiralizado por encima.

Cocina los noodles según las indicaciones del paquete, escúrrelos e incorpóralos al tarro por encima.

Añade las espinacas y la albahaca troceadas, y cierra el tarro.

En el momento de servir, vierte unos 300 ml de agua caliente, agita bien y disfruta.

ENSALADA DE JUDÍAS VERDES, TOFU HORNEADO, TOMATE, MELOCOTÓN Y SÉSAMO

 25 minutos

 4 personas

1 tofu ahumado
1 cucharada de aceite
   de sésamo
2 puñados de judías
   verdes finas
1 chalota
1 tomate tipo raff
1 melocotón
germinados
1 cucharada de semillas
   de sésamo

para la vinagreta

4 cucharadas de aceite
   de oliva
1 cucharada de vinagre
   de manzana
zumo de ½ limón
1 cucharadita de mostaza
1 cucharadita de miel
cayena
½ cucharadita de sal

Las ensaladas son perfectas para ir de pícnic: fáciles de llevar, aguantan bien y sacian a un grupo de personas. Esta receta la improvisé para un pícnic entre amigos. Es fresquita, el melocotón le va genial y el toque crujiente del tofu ahumado también.

Enciende el horno a 200 °C y prepara una bandeja con papel de hornear.

Corta el tofu en dados, mézclalo en un bol con el aceite de sésamo y repártelo por la bandeja. Hornea unos 15 minutos, dales la vuelta a los daditos y hornea 10 minutos más o hasta que estén dorados.

Mientras tanto, pon agua a hervir y, cuando entre en ebullición, añade las judías verdes. Cocínalas unos 6-8 minutos, que estén al dente. Prepara un bol con hielo y agua fría. Escúrrelas, ponlas en el bol con el agua fría durante un minuto y vuelve a escurrirlas.

En otro bol, pon las judías verdes, la chalota picada, el tomate picado, el melocotón cortado en cubitos, el tofu horneado, unos germinados y las semillas de sésamo.

En un tarro, mezcla el aceite de oliva con el vinagre de manzana, el zumo de limón, la mostaza, la miel, la cayena y la sal. Viértelo en la ensalada, mezcla y sirve.

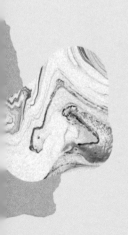

6.
MENÚ
SOLO

SOPA MISO DE LIMÓN

 35 minutos

2 raciones

1 cucharada de aceite
    de oliva
3 dientes de ajo
1 trocito de 2 cm
    de jengibre fresco
3 cups o 750 ml de caldo
    vegetal
1 hoja de alga kombu
½ cup o 100 g de pasta
    de letras sin gluten
2 cucharadas de miso
    blanco
1 cucharada de tamari
1 puñado de kale
zumo de ½ limón
cayena

Como dije al principio del libro, cuando conocí a mi amiga Isa, a quien le dedico este capítulo sobre cocinar y comer para uno solo, era de las de sopitas de sobre. Espero que esto haya cambiado. Y, si no, seguro que se anima con esta sencilla sopa de miso, limón y jengibre con su pasta favorita. Es fácil de hacer y el único ingrediente «raro» es el miso, pero ya lo tienes como básico en tu despensa, ¿verdad?

En una olla, añade el aceite de oliva, los ajos pelados y machacados, y el jengibre fresco pelado y picado. Dora unos 3 minutos a fuego bajo sin que se quemen. Agrega el caldo vegetal y el alga kombu, tapa y deja que se cocine unos 25 minutos sin que hierva.

Mientras tanto, cuece la pasta según las indicaciones del paquete y escúrrela.

Cuela el caldo, separa dos cucharadas del caldo vegetal en una taza y vuelve a poner el resto en la olla.

En la taza, añade el miso blanco y disuélvelo removiendo bien. Viértelo en la sopa e incorpora el tamari, la pasta cocida y escurrida, el kale picado finamente, el zumo de limón y un poco de cayena en escamas al gusto.

Sirve y disfruta.

ENSALADA DE LENTEJAS NO TÍPICA

🕐 **50 minutos**
+ 30 minutos del encurtido de cebolla

 2 raciones

Isa es señorita de lentejas. Siempre que le pregunto: «Oye, ¿qué has comido hoy?», casi siempre me responde: «Pues, lentejas con algo». Así que tenía que incluir una buena ensalada de lentejas para que pueda variar un poco y huir de la típica con tomate, cebolla y rúcula.

para la cebolla encurtida
½ cebolla morada
½ cup o 125 ml de agua
½ cup o 125 ml de vinagre de manzana
una pizca de sal

para las verduras asadas
1 boniato
1 cucharada de aceite de oliva
½ cucharadita de sal
½ cucharadita de pimentón ahumado
1 puñado de tomates cherry

para las lentejas
1 cup o 200 g de lenteja du Puy
½ cucharadita de sal

para la vinagreta
4 cucharadas de aceite de oliva
1 cucharada de vinagre de manzana
1 cucharadita de mostaza
1 cucharadita de sirope de arce
1 diente de ajo
sal
pimienta

Pela la cebolla y córtala en láminas finas. En un tarro mediano, añade el agua, el vinagre de manzana y la pizca de sal. Mezcla e incorpora las rodajas de cebolla. Cierra el tarro y deja que repose mínimo 30 minutos. Cuanto más tiempo la dejes, más encurtida estará.

Enciende el horno a 200 °C y prepara una bandeja con papel de hornear.

Pela y corta el boniato en dados, ponlo en un bol y añade el aceite de oliva, la sal y el pimentón ahumado. Combina bien y reparte sobre la bandeja. Hornea unos 25 minutos. Cuando falten 10 minutos para que el boniato esté listo, añade los tomates cherry cortados en dos y mezclados con un poco de aceite de oliva y sal.

En una olla, pon las lentejas con agua (que sobresalga dos dedos por encima de las lentejas) y un poco de sal. Lleva a ebullición, baja el fuego, tapa y cocina unos 25 minutos o hasta que estén justo al dente (dependerá del tipo de lentejas, ve comprobándolo). Deja que se enfríe unos minutos.

Combina las lentejas cocidas, el boniato y los tomates asados y la cebolla encurtida.

Para hacer la vinagreta, mezcla el aceite de oliva, el vinagre de manzana, la mostaza, el sirope de arce, el ajo rallado, sal y pimienta. Vierte en la ensalada y remueve.

Por último, añade el perejil picado y el queso de cabra desmenuzado. Mezcla un poco y sirve.

BATIDO ISA

 5 minutos

1 persona

Para ayudarla en su objetivo de incorporar más verduras en su día a día, le dije a Isa que probase los batidos porque es una forma fácil y rápida de empezar. A mí me gusta tomarlos por la mañana.

1 plátano
1 pera
½ hinojo
1 tallo de apio
1 puñado de espinacas
1 trocito de jengibre
1 cucharadita de semillas de chía
1 cup o 250 ml de bebida de avena

Pon todos los ingredientes en una batidora y tritura hasta obtener una mezcla bien cremosa.
Sirve en vaso.

TOSTAPIZZA DE ALUBIAS, TOMATE Y MOZZARELLA

 20 minutos

 2 tostadas

2 tostadas de pan
   de calidad
2 cucharadas de aceite
   de oliva
1 puñado de tomates
   cherry
4 dientes de ajo
⅓ de cup u 80 ml
   de tomate triturado
1 cup o 160 g de alubias
   blancas cocidas
hojas de albahaca
sal
pimienta
1 mozzarella
2 cucharadas de
   parmesano rallado

Isa y sus botes de cristal de legumbres cocidas... Veréis muchas en este capítulo. En su nevera tampoco faltan mozzarella ni tomates. Intentando aprovechar estos ingredientes, reinventé la pizza a modo de tostada: más fácil y saludable.

Enciende el grill del horno y tuesta el pan en una tostadora.

En una sartén, pon el aceite de oliva y añade los tomates cherry enteros. Cocina unos 3 minutos mezclando de vez en cuando.

Agrega los ajos picados y dora unos 2 minutos.

Incorpora el tomate triturado, las alubias escurridas y unas hojas de albahaca. Mezcla y cocina unos 10 minutos o hasta que veas que espesa. Salpimienta al gusto.

Coloca el pan tostado sobre una bandeja de horno, añade la mezcla de tomate y alubias y pon la mozzarella desmenuzada y el queso parmesano rallado por encima.

Gratina unos 3-4 minutos o hasta que se dore y se gratine. Sirve al momento.

TIKTOK PASTA

 35 minutos

 2 raciones

Durante el confinamiento, las recetas de TikTok se revolucionaron y esta, en concreto, fue una auténtica locura en redes sociales. Como sé que los ingredientes básicos en la despensa de Isa son pasta, tomates cherry y algún queso, esta preparación le encaja a la perfección, también por lo fácil que es. He añadido unas espinacas para el toque verde. «Va, Isa, ahora ya sabes qué preparar si vienen amigos a casa, ¿no?».

2 puñados de tomates cherry
2 dientes de ajo
½ cucharadita de sal
aceite de oliva
1 paquete de queso feta
220 g de pasta pequeña
1 puñado de espinacas baby
albahaca fresca

Precalienta el horno a 200 °C.

Pon los tomates cherry enteros en una bandeja de horno, añade los ajos rallados, un poco de sal y un chorrito de aceite. Mezcla bien. A continuación, añade el paquete de queso feta en medio y hornea durante 22-25 minutos.

Mientras tanto, cocina la pasta al dente según las indicaciones del paquete y escúrrela.

Retira la bandeja del horno.

Mézclalo todo con una espátula para que se ligue la salsa y el queso se deshaga, e incorpora la pasta cocida, las espinacas baby troceadas y un poco de albahaca picada.

Mezcla de nuevo y sirve.

SOLO HUMMUS

🕐 **15 minutos**

 2-4 raciones

2 cups o 320 g
   de garbanzos cocidos
⅓ de cup u 80 ml de tahini
   blanco
2 dientes de ajo
½ limón
½ cucharadita de sal
¼ de cucharadita
   de pimentón ahumado
½ cucharadita de comino
2 cucharadas de aceite
   de oliva
¼ de cup o 60 ml de agua
   templada

sirve con
aceite de oliva
pimentón ahumado
1 tarro de pimientos rojos
   asados
2 cucharadas de olivas
   negras
perejil fresco
1 cucharada de semillas
   de sésamo tostadas
cayena

Soy muy fan de los hummus y sé que Isa también. Esta es una elaboración básica que todos deberíamos aprender a hacer. Le añades unos *toppings* y tienes un plato sencillo, pero, oye, ni tan mal. «Isa, ¿preparada para impresionar?». Eso sí: elige un buen tahini líquido, unos pimientos asados de calidad y unas aceitunas negras sabrosas.

En una procesadora de alimentos, pon los garbanzos escurridos, el tahini, los ajos, el zumo de limón, la sal, el pimentón ahumando, el comino y el aceite de oliva. Tritura, ve añadiendo el agua y sigue triturando hasta obtener una textura bien cremosa. Si ves que necesita más agua, añade, pero solo una cucharada a la vez. Prueba y rectifica al gusto.

Sirve el hummus en un bol y alísalo con una cuchara. Añade un poco de aceite de oliva y pimentón ahumado.

Trocea un poco los pimientos rojos y deshuesa las aceitunas. Ponlos en medio del hummus.

Por último, espolvorea un poco de perejil picado, semillas de sésamo y cayena por encima.

'BUDDHA BOWL'

35 minutos

2 raciones

Isa me pidió que añadiese en este capítulo alguna ensalada muy completa, que pudiese llevar en el táper y sin ingredientes «demasiado locos». Y a eso, en el mundo *foodie*, se le llama «buddha bowl». La idea de estos *bowls* es que haya un cereal, una verdura asada o cruda, una salsa, alguna hoja verde y algo crujiente. «Recuerda adaptarlo con lo que tengas de temporada, ¿vale, Isa?».

para las zanahorias asadas
3-4 zanahorias
1 cucharada de aceite de oliva
½ cucharadita de sal
½ cucharadita de tomillo seco
pimienta al gusto

1 cup o 200 g de quinoa
1¾ cup o 430 ml de caldo vegetal

para el pesto rojo
⅓ de cup o 45 g de nueces
1 diente de ajo
¼ de cucharadita de sal
⅓ de cup o 40 g de parmesano rallado
1 puñado de tomates secos
½ de cup u 125 ml de aceite de oliva

4 hojas de kale
1 cucharadita de aceite de oliva
2 cucharadita de zumo de limón
una pizca de sal

1 cup o 160 g de garbanzos cocidos
1 cucharada de pasas

Limpia las zanahorias, córtalas en rodajas en diagonal y colócalas en una bandeja con papel de hornear. Añade el aceite de oliva, la sal, el tomillo y un poco de pimienta. Mezcla bien y hornea unos 25 minutos.

Mientras tanto, cocina la quinoa. Ponla en una olla con el caldo vegetal, lleva a ebullición, baja el fuego, tapa y cocina unos 12-14 minutos o hasta que esté cocida. Deja que se enfríe.

En la minipimer, pica las nueces y el ajo junto con la sal y el parmesano rallado. Tritura unos segundos, añade los tomates secos y, poco a poco, ve agregando el aceite de oliva hasta obtener una textura de pesto. Prueba y rectifica al gusto. Reserva en un tarro.

Limpia el kale, quítale el tallo, pícalo finamente y ponlo en un bol. Añade el aceite de oliva, el zumo de limón y la sal, y, con las manos, masajea unos minutos el kale para romperle las fibras.

Monta tu *bowl*: sirve un poco de quinoa, añade al lado un poco de pesto rojo, las zanahorias asadas, los garbanzos, el kale y las pasas.

CEREALES TIPO SPECIAL K®

⏱ **40 minutos**

🫙 **2 tarros medianos**

Además de señorita de legumbres, Isa también es señorita de granolas. ¡Le encantan! Por eso decidí crear una receta para ella recreando los famosos Special K® que tanto nos gustaban... pero mejores. Ya tienes una buena base para tus desayunos. Sirve con fruta, yogur o bebida vegetal.

⅓ de cup u 80 ml de aceite de oliva
⅓ de cup u 80 ml + 2 cucharadas de sirope de arce
3 cucharadas de tahini
¼ de cucharadita de canela en polvo
una pizca de sal
2 cups o 200 g de copos de avena
2 cucharadas de semillas de cáñamo
½ cup o 75 g de almendras laminadas
½ cup o 50 g de coco en escamas
100 g de chocolate negro

Enciende el horno a 170 °C y prepara una bandeja con papel de hornear.

En un bol mediano, mezcla el aceite de oliva, el sirope de arce, el tahini, la canela y la sal. Añade los copos de avena, las semillas de cáñamo, las almendras laminadas y el coco en escamas. Combínalo todo bien. Reparte la mezcla sobre la bandeja presionándola un poco para que quede homogénea y alisándola con una espátula. Hornea unos 25-30 minutos y dale la vuelta a la bandeja a mitad de la cocción. Retira del horno y deja que se enfríe.

Haz láminas de chocolate finas pasando con cuidado un cuchillo por encima de la tableta.

Remueve la granola y agrega el chocolate. Luego guárdalo en un tarro hermético. Dura crujiente dos semanas.

'MEL I MATÓ' CON TAHINI Y SEMILLAS

 10 minutos

 2 raciones

Un básico, pero con un *twist*. Cuando empecé a pensar en recetas para este capítulo, le pregunté a Isa sus básicos y lo que solía comer. A ella le flipa el *mel i mató*, así que vamos a preparar uno, pero mezclándolo, cómo no, con tahini y creando un *mix* de semillas superpotente, porque Isa también es señorita de semillas.

500 g de yogur griego sin endulzar
4 cucharadas de tahini
3 cucharadas de pistachos
3 cucharadas de semillas de sésamo
2 cucharadas de semillas de girasol
2 cucharadas de linaza
2 cucharadas de *nibs* de cacao
1 puñado pequeño de orejones no sulfurizados
1 cucharada de arándanos deshidratados

sirve con
2 cucharadas de menta picada

Reparte el yogur en dos boles y pon dos cucharadas de tahini por el borde de cada bol.

Tuesta ligeramente los pistachos, las semillas de sésamo y las de girasol. Pícalos un poco y añádelos en un bol con la linaza, los *nibs* de cacao, los orejones troceados y los arándanos secos. Mézclalo todo y reparte en los boles.

Sirve con un poco de menta troceada por encima.

7.
VIAJES
EN RUTA

'BLENDER PANCAKES NO BANANA'

🕐 **10 minutos**

🥞 **10 pancakes**

¡Esta receta es lo más! Solo necesitarás una taza para prepararla: será tu referencia para medir los ingredientes, tanto secos como líquidos. Podrás elaborarla de viaje, en caravana..., donde quieras.

1 huevo
1 cup o 100 g de copos de avena
1 cup o 250 ml de bebida de avena
una pizca de sal
½ cucharadita de levadura
mantequilla

sirve con
plátano
semillas de cáñamo
sirope de arce

Pon el huevo, los copos de avena, la bebida, la sal y la levadura en la batidora, y tritura hasta que la masa no tenga grumos.

Calienta una sartén antiadherente con un poquito de mantequilla y, una vez caliente, vierte un cucharón de masa. Cuando aparezcan burbujitas, dale la vuelta y cocina unos 30 segundos más. Baja el fuego un poco y repite este paso con el resto de la masa.

Sirve con rodajas de plátano, semillas de cáñamo y sirope de arce.

RISOTTO INFALIBLE

 35 minutos

 4 personas

4 cups o 1 l de caldo
vegetal
1 cucharada de
mantequilla + 50 g
de mantequilla
1 cebolla blanca
sal
1½ cup o 300 g de arroz
arborio
⅓ de cup u 80 ml de vino
blanco
2 calabacines
1 cup o 100 g
de parmesano rallado
pimienta
1 tomate grande

Esta receta la hice cuando nos fuimos de viaje por Francia y, si pude prepararla en una caravana de 4 m², es que es «infalible». En mi opinión, para conseguir un buen risotto necesitas unos ingredientes básicos —mantequilla, cebolla, la verdura que hayas elegido, vino blanco, caldo y parmesano—, tenerlos ya listos antes de empezar la elaboración y paciencia.

Calienta el caldo.

En una sartén a fuego medio-bajo, pon la mantequilla y la cebolla picada finamente. Cocina unos 5-7 minutos sin que se dore la cebolla (¡importante!); deja que vaya cociéndose poco a poco.

Añade un poco de sal, mezcla e incorpora el arroz. Remueve y deja que se cocine un minuto. Sube el fuego y agrega el vino blanco. Deja que se cocine unos 3 minutos o hasta que el vino se haya evaporado.

Sin parar de remover, añade un poco de caldo —unos 125 ml— y ve añadiendo más a medida que vaya absorbiéndose. Cocina sin dejar de mezclar. Cuando el arroz ya casi esté, incorpora los calabacines rallados, mezcla y cuece el arroz hasta que esté en su punto, un poco al dente.

Agrega la mitad del parmesano y los 50 g de mantequilla, combina y espolvorea pimienta recién molida al gusto y apaga el fuego sin dejar de mezclar.

Trocea el tomate en dados.

Sirve el risotto en boles con el tomate troceado por encima y el resto del parmesano.

ESPAGUETIS CACIO & PEPE CON GUISANTES

 20 minutos

 4 personas

Cuando estás en ruta, quieres simplificarte la vida y esta pasta es una buena opción para ello. Pocos ingredientes, pocos utensilios y un resultado increíble. Mi consejo: usa dos quesos, parmesano y pecorino, y nunca olvides añadir el agua de cocción a la salsa para que quede bien cremosa. ¡Una cena fácil y resultona!

340 g de espaguetis
2 cups o 300 g de guisantes congelados
3 cucharadas de mantequilla
1 cucharadita de pimienta recién molida
¾ de cup o 75 g de parmesano
¼ de cup o 25 g de pecorino

Pon a hervir agua con sal y cocina la pasta al dente. Cuando falten 3-4 minutos, añade los guisantes y escurre. Guarda ¾ de cup o 180 ml del agua de cocción.

Mientras tanto, derrite dos cucharadas de mantequilla en una olla o sartén grande a fuego medio, agrega la pimienta y cocina un minuto.

Incorpora a la sartén ½ cup o 125 ml del agua de cocción reservada, la pasta escurrida, los guisantes hervidos y la cucharada extra de mantequilla. Mezcla.

Reduce el fuego, añade los dos quesos rallados y ve mezclando con unas pinzas hasta que la salsa vaya ligándose. Si lo ves necesario, vierte más agua de cocción.

Sirve enseguida con más queso y pimienta.

'PATTIES' DE QUINOA, PUERROS Y EMMENTAL

🕐 **25 minutos
+ 30 min tiempo
de reposo**

8 _patties_

1 puerro
1 cucharada
   de mantequilla
4 huevos
sal
pimienta
cayena
2 dientes de ajo
1½ cup o 300 g de quinoa
   cocida
4 cucharadas de cebollino
ralladura de ½ limón
150 g de queso emmental
1 cup o 100 g de copos
   de avena
aceite de oliva

Sé que te encantan las hamburguesas vegetales. Dudé si poner esta receta en este _biotiful moment_, pero luego pensé que poder preparar unas buenas hamburguesas vayas donde vayas es muy práctico. Además, no necesitarás ni utensilios ni ingredientes raros.

Limpia el puerro y trocéalo finamente. Cocínalo en una sartén antiadherente con mantequilla durante unos 8-10 minutos. Reserva.

En un bol, bate los huevos con un poco de sal, pimienta y un toque de cayena. Añade los ajos rallados, el cebollino picado, la quinoa cocida, el puerro salteado, la ralladura de limón, el emmental rallado y los copos de avena. Mezcla bien y deja que repose unos 30 minutos.

Con las manos, forma 8 _patties_. Cocínalos en una sartén antiadherente con un poco de aceite de oliva o mantequilla unos 5 minutos por cada lado. Cuando les hayas dado la vuelta, y pasados los 5 minutos, tápalos durante un minuto para asegurarte de que se cocinan por dentro.

Sirve con alguna salsa, hojas de lechuga o como tú prefieras.

GUISO DE PATATAS Y CHAMPIÑONES

 35 minutos

 4 personas

450 g de champiñones
    portobello
1 cucharada de aceite
    de oliva
1 cucharada
    de mantequilla
3 chalotas
3 dientes de ajo
½ cucharadita de sal
1 cucharadita de tomillo
    fresco
pimienta
5 patatas
1½ cups o 300 g
    de lentejas cocidas
1½ cups o 375 ml de caldo
    vegetal
1 cup o 250 ml de crema
    de avena
2 cucharadas de miso

sirve con
perejil fresco

Poder preparar un guiso delicioso y reconfortante usando una sola olla es un *hit*. Vamos a usar ingredientes básicos, aunque añadiendo miso, que, a estas alturas, espero que ya sea un imprescindible en tu despensa.

Limpia bien los portobellos y córtalos en cuartos. En una olla, pon el aceite de oliva y añade los champiñones. Dóralos 8 minutos o hasta que suelten toda el agua.

Agrega la mantequilla y dora 3 minutos más. Incorpora las chalotas cortadas en gajos, los ajos picados, la sal, el tomillo picado y un poco de pimienta recién molida.

Pela y corta las patatas en dados. Cuécelas unos 2 minutos, añádelas y dóralas 5 minutos. Agrega también las lentejas y mezcla bien.

Vierte el caldo vegetal y cocina unos 15 minutos o hasta que las patatas estén hechas. Incorpora la crema de avena.

En la batidora, pon ⅓ del guiso junto con el miso y tritura. Vuelve a poner la parte triturada en la olla, mezcla y prueba. Rectifica a tu gusto.

Sirve con perejil picado.

ENSALADA CÉSAR 'À LA CHLOÉ'

 18 minutos

2 personas

para los croutons
brioche
aceite de oliva
sal

para la mayonesa
2 yemas de huevo
1 cucharadita de mostaza
ralladura de ½ limón
1 cucharadita de miso
   blanco
1 cucharadita
   de alcaparras
¾ de cup o 180 ml
   de aceite de oliva
sal
pimienta
50 g de parmesano

1 lechuga romana mediana

Siempre he sido muy fan de las ensaladas César. He hecho esta versión vegetariana sustituyendo las anchoas por alcaparras y miso. Además, gracias al parmesano y la mayonesa casera, obtendrás un sabor umami bestial. Y el toque final, los *croutons* de brioche.

Enciende el horno a 200 °C. Corta trozos de brioche con las manos, ponlos sobre una bandeja de hornear, añade un poco de aceite de oliva y sal y mezcla bien. Hornea durante 12 minutos o hasta que estén bien dorados.

Mientras tanto, en un vaso de batidora, agrega las yemas de huevo (guarda las claras para otro uso), la mostaza, la ralladura de limón, el miso blanco y las alcaparras machacadas. Combina un poco con una batidora manual. Ve añadiendo despacio el aceite de oliva sin parar de mezclar con la batidora hasta obtener una textura de mayonesa cremosa. Incorpora la mitad del parmesano rallado finamente y mezcla con cuidado con una cuchara.

Pon la mitad de la mayonesa en un bol grande, añade la lechuga troceada y mezcla bien para que quede impregnada.

Reparte los *croutons* de brioche por encima, unas cucharadas más de mayonesa y el resto del parmesano.

PLÁTANOS ASADOS CON CARAMELO DE MISO

 15 minutos

 4 personas

2 plátanos
2 cucharadas
   de mantequilla
4 cucharadas de azúcar
   de coco

para el caramelo
¾ de cup o 100 g
   de azúcar de coco
½ cup o 125 ml de leche
   de coco thai
½ cup o 125 g de
   mantequilla
   de cacahuete
3 cucharadas de miso
   blanco
½ cucharadita de sal

sirve con
2 cucharadas de escamas
   de coco

¿Plátanos asados? ¿Caramelo de miso, mantequilla de cacahuete y sal? Pues sí, todo junto combina de maravilla; lo mejor de todo es que solo necesitarás 15 minutos para tenerlo listo y que puedes comerlo directamente de la sartén.

Enciende el horno al grill.

Corta los plátanos en dos a lo largo y ponlos bocarriba en una bandeja con papel de hornear o en una sartén que pueda ir al horno.

Derrite la mantequilla y, con una cuchara o pincel, unta los plátanos con la mantequilla. Añade una cucharada de azúcar de coco por encima de cada mitad de plátano.

Hornea los plátanos unos 8 minutos o hasta que se caramelicen y estén bien dorados.

Mientras tanto, en una olla a fuego lento, cocina el azúcar de coco con la leche de coco y la mantequilla de cacahuete, sin dejar de mezclar con una espátula. Cuando la mezcla esté homogénea y lisa, sube el fuego y no dejes de remover durante unos 3-5 minutos o hasta que la textura se espese y se pegue a la cuchara. Apaga el fuego, retira y añade el miso y la sal. Mezcla bien.

Sirve los plátanos con el caramelo y unas escamas de coco tostadas por encima.

'COOKIE' GIGANTE

🕐 **15 minutos**

☺ **1 cookie gigante**

1 cup o 100 g de harina
   de almendras
⅓ de cup o 50 g de harina
   de arroz
½ cucharadita de levadura
una pizca de sal
1 huevo
60 g de mantequilla
⅓ de cup o 40 g
   de almendras
½ cup o 75 g de azúcar
   de coco
80 g de chocolate negro
sal tipo Maldon

En cada libro me he propuesta incluir una receta de *cookie* diferente. Y esta tiene dos grandes virtudes: es gigante y podrás prepararla vayas donde vayas. ¿Te apuntas?

Enciende el horno a 185 °C.

En un bol, mezcla las harinas, la levadura y la sal, y añade el huevo. Mezcla con una espátula hasta obtener una masa homogénea. Reserva.

En una sartén a fuego medio, mejor si es apta para horno, pon la mantequilla, deja que se funda un poco y agrega las almendras troceadas. Mezcla, incorpora el azúcar de coco y combina.

Fuera del fuego, añade la mezcla de harinas y huevo. Vuelve a mezclar bien para crear una masa homogénea y repártela en la sartén.

Trocea el chocolate y añádelo hundiéndolo un poco en la masa.

Hornea[1] unos 12-14 minutos, saca del horno, espolvorea un poco de sal tipo Maldon por encima, deja enfriar un minuto ¡y devórala desde la propia sartén!

[1] *Esta receta también podrías cocinarla al fuego: unos 15 minutos a fuego muy lento, tapando 5 minutos más.*

MELOCOTÓN RELLENO DE RICOTTA, LIMA Y SARRACENO

 5 minutos

 2 personas

1 melocotón
1 cucharada de aceite
    de coco
3 cucharadas de sirope
    de arce (divididas)
una pizca de sal
½ cup o 125 ml de ricotta
1 lima
½ cucharadita de vainilla
⅓ de cup o 55 g
    de semillas de trigo
    sarraceno
1 cucharada de semillas
    de girasol

¡El postre o *snack* más rápido y fácil que jamás vas a preparar! Estés donde estés, lo único que tienes que hacer es encontrar un buen melocotón de temporada, una sartén y tener 5 minutos por delante. ¡Alucinarás!

Limpia y corta el melocotón en dos a lo largo. Quítale el hueso con cuidado.

En una sartén antiadherente, añade el aceite de coco, una cucharada de sirope y una pizca de sal a fuego medio, y pon el melocotón bocabajo. Cocina unos 4-5 minutos, hasta que se caramelice y se reblandezca un poco, pero no demasiado. Reserva cada mitad de melocotón en un bol.

Mientras tanto, en otro bol, mezcla la ricotta con la ralladura y el zumo de la lima, una cucharada de sirope y la vainilla.

Usa la misma sartén —la que has utilizado para caramelizar el melocotón— y vierte una cucharada de sirope junto con las semillas de trigo sarraceno y las de girasol, y dora unos 4 minutos o hasta que veas que se solidifica un poco. Deja que se enfríe en un bol.

Rellena cada mitad de melocotón con la ricotta y las semillas caramelizadas por encima.

8.

MERIENDA
CON NIÑOS

MUFFINS CARROT CAKE

 25 minutos

8 muffins

aceite de coco

⅓ de cup u 80 ml de aceite
de oliva

1 plátano maduro

2 huevos orgánicos

⅓ de cup u 80 ml de yogur
griego

5 dátiles Medjoul

¼ de cucharadita de sal

½ cucharadita de vainilla
en polvo

½ cucharadita de canela
en polvo

¾ de cup u 80 g de harina
de almendras

¾ de cup o 100 g de harina
de arroz

1¼ cucharaditas
de levadura

½ cucharadita de
bicarbonato de sodio

3 zanahorias medianas

Este capítulo ha supuesto todo un reto para mí después de haber escrito *Biotiful Kids*, un libro de recetas creadas para familias con niños. Pero como los hijos, en general, suelen tener hambre a todas horas, siempre viene bien tener más ideas. Estos muffins de zanahoria son sin gluten y están endulzados con dátiles y plátano. ¡Espero que triunfen!

Precalienta el horno a 180 °C y unta unos moldes para muffins con aceite de coco.

En una batidora, pon el aceite de oliva, el plátano, los huevos, el yogur griego, los dátiles deshuesados, la sal, la vainilla y la canela. Tritura hasta obtener una textura sin grumos y lisa.

En un bol aparte, mezcla la harina de almendras con la de arroz, la levadura y el bicarbonato de sodio. Añade la mezcla de ingredientes húmedos y combina con una espátula. Por último, incorpora las zanahorias ralladas y mézclalo todo.

Rellena ¾ partes de los moldes y hornea unos 18-20 minutos o hasta que estén dorados. Deja que se enfríen antes de desmoldar.

Se conservan 3 días fuera de la nevera tapados con un trapo. En el frigorífico duran más.

NUTELLA®
4 INGREDIENTES

🕐 **30 minutos**

🏺 **1 tarro mediano**

Esta Nutella® es todo un descubrimiento por los pocos ingredientes que lleva y por lo increíblemente deliciosa que está.

2 cups o 300 g de avellanas
una pizca de sal
150 g de chocolate negro
1 cucharada de aceite de coco

Enciende el horno a 170 °C. Coloca las avellanas sobre una bandeja, hornea unos 12-15 minutos y deja que se enfríen unos minutos.

Ahora ponlas en un procesador de alimentos con una pizca de sal y tritura durante unos minutos. Primero pasarán por una textura de harina, pero sigue triturando y empezarán a soltar su grasa natural.

Apaga el procesador, rasca los laterales y sigue triturando unos 10-15 minutos o hasta que obtengas una textura lisa y cremosa.

Mientras la procesadora va triturando, añade el chocolate negro rallado y el aceite de coco. Procesa unos segundos más ¡y listo!

En un tarro hermético, fuera de la nevera, dura unos 10 días. Dentro de la nevera aguanta más, pero la textura se endurecerá un poco.

Sirve con pan, con yogur, en batidos, sobre *porridges*, etc.

TRIFLE 'À LA' ELLIOT

 10 minutos

1 persona

Cuando Elliot quiere merendar algo así rápido, siempre me pide «yogur con cosas». Coge un bol y empieza a montar su receta con mantequilla de cacahuete, frambuesas, semillas... Una especie de *trifle* —un postre que combina bizcocho, crema, mermelada de frutas, nata— que crea capas de colores y es algo parecido a lo que Elliot se prepara, pero que vamos a simplificar.

¼ de cup o 60 ml de nata montada
½ cup o 125 g de yogur griego
2 cucharadas de cacao crudo en polvo
1 cucharadita de sirope de arce
125 g de frambuesas
un poco de chocolate negro
1 cucharadita de avellanas tostadas

Saca la nata de la nevera y bátela hasta obtener nata montada.

Mezcla en un bol el yogur griego con el cacao y el sirope de arce.

En un tarro, pon una capa de frambuesas y machácalas un poco con un tenedor. Añade el yogur de cacao, la nata montada, el chocolate negro rallado y las avellanas tostadas troceadas.

¡Disfruta al momento!

BARRITAS DE PLÁTANO, CHOCOLATE Y CACAHUETE

🕐 **40 minutos**

20 barritas

Seguro que ahora mismo tienes dos plátanos maduros en la cocina y no sabes qué hacer con ellos. Pues bien, estas barritas, además de ser veganas, son tan fáciles de preparar que lo único que necesitarás es un bol y algo para mezclar. ¡La merienda perfecta para llevar al cole!

2 plátanos maduros
½ cup o 125 ml de mantequilla de cacahuete
2 cucharadas de miel
½ cucharadita de vainilla en polvo
1 cup o 100 g de copos de avena
½ cup o 75 g de semillas de calabaza
2 cucharadas de linaza
100 g de chocolate negro

Enciende el horno a 180 °C. Prepara un molde de unos 20 × 25 cm con papel de hornear.

En un bol, machaca con un tenedor los plátanos hasta obtener un puré. Añade la mantequilla de cacahuete, la miel y la vainilla. Mezcla bien.

Incorpora los copos de avena, las semillas de calabaza ligeramente trituradas, la linaza molida y el chocolate negro troceado. Vierte en el molde y alisa bien.

Hornea unos 35 minutos hasta que los bordes estén dorados.

Deja enfriar y corta en barritas.

HELADO DE FRESA Y DÁTIL

🕐 **10 minutos
+ tiempo de
congelación**

8 helados

El helado es uno de los *snacks* más fáciles que puedes hacer. Lo único es tener un poco de paciencia y dejar que acaben de cuajar para desmoldarlos. Estos llevan fresas, plátano y coliflor camuflada.

½ cup o 50 g de coliflor congelada
1½ cups o 225 g de fresas congeladas
2 dátiles Medjoul deshuesados
1 plátano congelado
1½ cups o 375 ml de yogur
80 g de chocolate negro troceado

Usa coliflor congelada. Para ello, tendrás que hervirla unos 6 minutos y congelarla.

Pon todos los ingredientes, menos el chocolate, en la batidora y tritura hasta obtener una mezcla bien cremosa y lisa. Viértela en moldes de helado.

Añade algunos trozos de chocolate y, con un palillo, húndelos un poco. Congela al menos 3-4 horas antes de disfrutarlo.

Cuando quieras comerlos, pasa con cuidado los moldes por agua caliente para sacarlos con más facilidad.

BROCHETAS DE FRUTA CON GANACHE DE CHOCOLATE Y TAHINI

 15 minutos
+ 2-3 h de remojo
de los anacardos

4 personas

No hay postre más fácil que este. Prepara unas brochetas con la fruta favorita de tus hijos y sírvelas con una ganache vegana de chocolate con anacardos y tahini. ¡Fiestaaaaaa!

8 palitos para brochetas
3 fresas
2 plátanos
¼ de piña

para la ganache de chocolate y tahini
½ cup o 75 g de anacardos
100 g de chocolate negro
⅓ de cup u 80 ml de bebida de avena
2 cucharadas de tahini
2 cucharaditas de sirope de arce
una pizca de sal

Pon los anacardos en agua durante 2-3 h. Escúrrelos.

Funde el chocolate al baño maría.

En una batidora potente, añade los anacardos remojados y escurridos, el chocolate derretido, la bebida de avena, el tahini, el sirope y la sal. Tritura durante un minuto o hasta que veas que tiene una textura lisa y cremosa.

Corta la fruta en trocitos y monta las brochetas.

Sirve las brochetas con la ganache de chocolate y tahini.

'CAKE' DE PLÁTANO, CHOCOLATE Y REMOLACHA

 55 minutos

 1 *cake*

5 plátanos

4 huevos

4 cucharadas de aceite de oliva

1 remolacha cruda pequeña

1 cucharadita de vainilla

¾ de cup u 80 g de harina de almendras

½ cup o 75 g de harina de trigo sarraceno

⅓ de cup o 35 g de cacao crudo en polvo

1 cucharadita de levadura

una pizca de sal

50 g de chocolate negro

Uno de mis *cakes* favoritos es el *banana bread* de mi primer libro: sin azúcares, esponjoso y delicioso. He querido reinventar la receta, pero esta vez con cacao y remolacha, y siempre endulzado solo con plátanos. Sirve tostado, como *snack* o para desayunar.

Enciende el horno a 180 ºC y prepara un molde de 10 × 25 cm con papel de hornear.

Corta un plátano en dos a lo largo.

En la batidora, pon los otros cuatro plátanos y la mitad del plátano cortado, los huevos, el aceite de oliva, la remolacha pelada y troceada, y la vainilla. Tritura hasta obtener una mezcla cremosa y lisa.

En un bol aparte, combina las harinas, el cacao, la levadura y la sal hasta que quede todo bien incorporado.

Añade la mezcla de plátano y remolacha a la mezcla de ingredientes secos. Combina a mano hasta obtener una masa lisa.

Trocea el chocolate negro, añádelo a la masa y mezcla.

Viértelo todo en el molde y muévelo para alisar la masa. Coloca la mitad del plátano reservado encima.

Hornea unos 45 minutos o hasta que esté hecho por dentro. Deja enfriar y corta en rodajas.

'MAGIC POPCORN'

 10 minutos

 4 personas

Hay muchas recetas de palomitas, pero esta reúne completamente el sabor umami. A mis hijos les encanta este combo y todo el proceso de preparar palomitas desde cero. El secreto está en cocinar los granos de maíz orgánicos en aceite de coco o mantequilla, o lo que prefieras, para que estén sabrosos y crujientes.

4 cucharadas de aceite de coco
60 g de mantequilla o *ghee*
½ cup o 60 g de granos de maíz para palomitas
1 cucharadita de sal
3 cucharadas de levadura nutricional
2 cucharadas de alga nori
1 cucharada de azúcar de coco (opcional)

En una olla grande, pon a fuego medio el aceite de coco y añade la mantequilla, los granos de maíz y la sal. Mezcla bien y cubre.

Cocina unos 4-5 minutos o mientras oigas hacer «pop» cada 2 segundos; cuando cesen las pequeñas explosiones, apaga el fuego, abre un poco la tapa y deja que repose un minuto.

Vierte en un bol y agrega la levadura nutricional, el alga nori troceada y el azúcar de coco, si usas. Mezcla bien para que todas las palomitas se impregnen y añade más sal si lo ves necesario.

'CRUMBLE' DE PLÁTANO, MANGO, LIMA Y COCO

 35 minutos

 4-6 personas

2 plátanos
2 mangos
1 lima
1 cucharadita de jengibre
  fresco
½ cucharadita
  de cardamomo molido
una pizca de sal

para la cobertura

1 cup o 100 g de harina
  de almendras
¾ de cup o 75 g de coco
  rallado
una pizca de sal
ralladura de ½ lima
4 cucharadas de sirope
  de arce
4 cucharadas de aceite
  de coco frío

El *crumble* es el postre ideal cuando no tienes mucho tiempo, no quieres complicarte y, aun así, quieres preparar algo un poco molón. Este es megafácil: lleva plátano, mango, un toque de lima y, por encima, una capa crujiente de almendra y coco. Puedes usar harina de avena en vez de la de almendras, y mantequilla bien fría en lugar de aceite de coco.

Enciende el horno a 175 °C.

Pela los plátanos y los mangos. Corta los plátanos en rodajas y los mangos en trozos no demasiado pequeños.

Ponlo en un molde mediano y añade la ralladura y el zumo de la lima, el jengibre fresco rallado, el cardamomo y la sal. Mezcla bien.

En un bol aparte, combina la harina de almendras con el coco rallado, la sal y la ralladura de media lima. Añade el sirope de arce y el aceite de coco frío. Con la punta de los dedos, mezcla hasta obtener una textura arenosa, con grumos. Reparte sobre la fruta y hornea unos 25-30 minutos, o hasta que esté dorado. Deja que se enfríe unos segundos.

Sirve tal cual o con helado o yogur.

9.
POST
BABY

POST BABY SMOOTHIE

 5 minutos

 2 personas

Cuando acabas de tener un bebé, lo que te falta es tiempo. Los batidos fueron para mí la salvación a la hora de prepararme algo rápido que incluyera un montón de ingredientes ricos que me dieran algo de energía. No sustituyen un desayuno, pero en menos de 3 minutos tienes algo supernutritivo y saciante.

1 remolacha cruda pequeña
1 plátano
½ mango
½ cup u 80 g de frambuesas frescas o congeladas
1 cucharada de mantequilla de cacahuete
1 cucharadita de semillas de chía
1 cucharadita de proteína vegetal
2 cups o 500 ml de bebida de avena

Pon todos los ingredientes en la batidora.
Tritura hasta obtener un batido bien cremoso.
¡A disfrutar!

MOCHA OVERNIGHT OATS

⏱ **20 minutos**

 4 raciones

Los *overnight oats* es ese desayuno que se prepara mientras duermes. Mezcla copos de avena con alguna bebida y extras, y, por la mañana, tienes la base de tu desayuno lista en un abrir y cerrar de ojos. Esta propuesta lleva un poco de café, cacao y vainilla para darte la energía que necesitas.

3 cups o 300 g de copos de avena
2 cucharadas de cacao crudo en polvo
1 cucharadita de vainilla en polvo
una pizca de sal
1 cucharadita de sirope de arce
½ cup o 125 ml de café recién hecho
3½ cups u 875 ml de bebida de avena

sirve con
frambuesas frescas
chocolate negro
tahini

En un bol grande, pon los copos de avena, el cacao, la vainilla, la sal y el sirope de arce, y mezcla. Añade el café y la bebida de avena, y combina bien. Deja que repose 5 minutos, vuelve a mezclar y deja que repose otros 10 minutos más.

Sirve con unas frambuesas, un poco de chocolate negro troceado y tahini por encima, y añade un poco más de bebida de avena si lo ves necesario.

CRUASÁN RELLENO

 10 minutos

2 personas

Embarazada y después de parir soñaba con poder comer tipo *brunch* todo el día: tostadas, cafés, *lattes*, *porridges*, huevos... Y esta receta era un combo que me flipaba; algo de carbohidrato con huevos revueltos y el contraste de los rabanitos. Un desayuno fácil que parece lujoso.

4 huevos
½ cucharadita de sal
pimienta recién molida
1 cucharadita de mantequilla
3 rabanitos
2 cruasanes
unos jalapeños
rúcula
salsa sriracha

Bate los huevos en un bol con un poco de sal y pimienta.

En una sartén antiadherente a fuego bajo, añade un poco de mantequilla y los huevos batidos. No lo toques durante 2 segundos y luego empieza a remover con una espátula. Cuando estén casi listos, apaga el fuego.

Corta los rabanitos en rodajas finas.

Abre los cruasanes con cuidado, rellénalos con los huevos revueltos, añade las rodajas de rabanitos, unos jalapeños, un poco de rúcula y aliña con salsa sriracha.

PASTA AL HORNO

 15 minutos
+ 45 minutos de
horneado

4 personas

¡Pasta! ¡Obvio! Acabas de dar a luz, tienes hambre a todas horas y lo único que te pide el cuerpo —al menos es lo que me pedía el mío— es pasta, pasta y más pasta. Y si puede ser pasta horneada con una capa de queso crujiente por encima, mejor. Y para rematar: ¡solo ensuciarás un plato!

2 cucharadas de aceite de oliva
4 dientes de ajo
2 cucharadas de aceitunas verdes
2 cucharadas de concentrado de tomate
cayena en escamas
1 puñado de albahaca
1 puñado de espinacas baby
1⅔ cups o 400 ml de salsa de tomate
1⅔ cups o 400 ml de caldo vegetal
½ cucharadita de sal
340 g de pasta tipo *penne*
1 cup o 100 g de queso emmental

Precalienta el horno a 200 °C.

En una bandeja de 20 × 30 cm, añade el aceite de oliva, los ajos bien picados, las aceitunas verdes troceadas, el concentrado de tomate y cayena en escamas al gusto. Mezcla un poco con una espátula y hornea 10 minutos.

Retira del horno y agrega la albahaca y las espinacas baby troceadas, la salsa de tomate, el caldo vegetal, un poco de sal y la pasta cruda. Mézclalo todo bien.

Cubre con papel de hornear, por ejemplo, y hornea unos 45 minutos.

Destapa, añade queso emmental y gratina unos 8 minutos.

MOUSSAKA

 1 hora y 30 minutos

 4 personas

2 berenjenas medianas
sal
1 cup o 140 g de harina
    de arroz
aceite de oliva
2 bolas de mozzarella
1 cup o 100 g
    de parmesano rallado

para la salsa de tomate
2 cucharadas de aceite
    de oliva
1 cebolla
5 dientes de ajo
½ cucharadita de sal
½ cucharadita de orégano
2 cucharadas de
    concentrado de tomate
3¼ cups u 800 ml de
    passata o salsa
    de tomate
6 hojas de albahaca fresca

La moussaka —con su salsa de tomate bien hecha, su berenjena que se funde y sus capas de queso— siempre me produce sensación de confort. Prepárala y llévasela a una amiga que acabe de ser mami. ¡Mejor regalo EVER!

Limpia las berenjenas y, con la ayuda de una mandolina o cuchillo afilado, córtalas en rodajas a lo largo. Ponlas en un bol grande con una pizca de sal, mezcla bien y deja que suden.

Mientras tanto, prepara la salsa de tomate. En una olla mediana, pon el aceite de oliva y la cebolla picada finamente. Cocina a fuego lento unos 8 minutos, que no se dore. Añade los dientes de ajo picados o rallados, la sal y el orégano. Dora 2 minutos y agrega el concentrado de tomate. Mezcla bien y dora 2 minutos más. Añade la salsa de tomate, un poco más de sal y las hojas de albahaca fresca. Tapa y cocina unos 30 minutos, mezclando de vez en cuando, o hasta que la salsa se espese.

Ahora pasa por agua las láminas de berenjena para retirar la sal. Sécalas.

Prepara un plato hondo con harina de arroz y pasa ambos lados de cada lámina de berenjena por la harina. Dóralas ligeramente en una sartén con un poco de aceite de oliva. Repite este paso con todas las rodajas de berenjena.

Enciende el horno a 200 °C.

En una bandeja mediana, pon una capa de salsa de tomate; luego, una capa de berenjena, un poco de mozzarella desmenuzada y parmesano rallado, y repite el proceso hasta terminar con una capa de salsa de tomate y, por encima, parmesano rallado.

Hornea 20 minutos, destapa y hornea 20 minutos más o hasta que la moussaka esté dorada.

Deja que se enfríe unos segundos y sirve.

TORTILLA DE PATATAS CON CEBOLLA CARAMELIZADA Y CHUTNEY DE TOMATE

 1 hora y 30 minutos

 4 personas

Durante mis embarazos, no tuve muchos antojos, pero sí que me apetecía tortilla de patatas a todas horas. Esta era mi combinación favorita: tortilla de patatas jugosa con cebolla caramelizada acompañada de chutney. El truco está en no batir demasiado los huevos y dejar reposar un poco las patatas con los huevos batidos. *Enjoy!*

2 cebollas blancas
1 cucharadita de mantequilla
3 patatas medianas
aceite de oliva
½ cucharadita de sal
4-5 huevos

para el chutney de tomate
2 puñados de tomates cherry
1 chalota
5 dátiles Medjoul
3 dientes de ajo
1 cucharadita de sal
½ cucharadita de pimentón ahumado
4 cucharadas de vinagre de manzana

Prepara primero el chutney. En una olla, pon los tomates cherry cortados en dos, la chalota picada, los dátiles deshuesados y troceados, los ajos picados, la sal y el pimentón ahumado, y cocina unos 15 minutos a fuego lento sin dejar de mezclar. Añade el vinagre de manzana, lleva a ebullición, baja el fuego y cocina durante 10 minutos. Puedes añadir 1-2 cucharadas de agua si lo ves necesario.

Corta las cebollas finamente y ponlas en una sartén antiadherente junto con la mantequilla. Cocina durante unos 10 minutos con la tapa puesta a fuego muy lento. Destapa y sigue cocinando durante unos 30 minutos o hasta que la cebolla esté bien caramelizada, y ve mezclando muy de vez en cuando. Si se te reseca mucho, puedes añadir una cucharadita de agua.

Pela las patatas y córtalas en rodajas finas con un cuchillo o mandolina.

En una sartén a fuego lento, añade el aceite de oliva y las patatas. Tápalas para que se cocinen por dentro. Cocina así durante 10 minutos, destapa, mezcla un poco y cocina 10-15 minutos más o hasta que las patatas estén hechas y vayan deshaciéndose un poco. Mezcla ligeramente y rompe un poco las patatas si quieres.

En un bol, mezcla con cuatro huevos la cebolla caramelizada enfriada y bate, pero no demasiado. No queremos aire en los huevos.

Cuando las patatas estén listas, toma una espumadera y ponlas en el bol con los huevos, y mezcla suavemente. Deja reposar 10 minutos. La idea es que la mezcla que tengas reposando sea la textura que quieres obtener dentro de la tortilla cuando esté hecha. Si fuera necesario, añade un huevo más.

En una sartén mediana antiadherente, pon dos cucharadas de aceite de oliva y, con el fuego bien alto, vierte la tortilla, repártela bien y cocina unos 2 minutos o cuando ya esté dorada por abajo.

Con cuidado, dale la vuelta con un plato y vuelve a poner la tortilla en la sartén. Calcula 20 segundos, apaga y sirve con el chutney de tomate.

'GRATIN DAUPHINOIS'

90 minutos

4 personas

¿Existe algo más apetecible? Es un plato sencillo pero muy reconfortante, y que puedes preparar el día antes y hornearlo en el momento. Combínalo con lo que quieras o tómalo solo: el *gratin dauphinois* es lo más rico del mundo mundial.

5 patatas medianas
1⅔ cups o 400 ml de leche de coco thai
sal
pimienta
1 cucharada de aceite de oliva
2 dientes de ajo
mantequilla
250 g de queso emmental

sirve con
ensalada verde

Enciende el horno a 180 °C.

Pela las patatas y, con un cuchillo o mandolina, córtalas en rodajas finas. Lo ideal es que todas tengan el mismo grosor para que se cocinen de forma homogénea.

En un bol, mezcla la leche de coco con media cucharadita de sal, pimienta, aceite de oliva y los dientes de ajo rallados.

En una bandeja mediana para horno, pon en el fondo un chorrito de aceite de oliva o mantequilla y ve colocando capas de patata, emmental rallado, sal, pimienta y la mezcla de leche de coco. Repite este paso hasta acabar con una capa de patata (sin queso por encima). Cubre con papel vegetal y hornea 1 hora y 15 minutos aprox.

Añade el resto del queso por encima, aprieta un poco para que se compacte todo y hornea unos 15-18 minutos más a 200 °C.

Sirve con una ensalada verde.

CHOCOLATE 'POTS'

 35 minutos

4 personas

¡Chocolate a todas horas es lo que yo quería! Estos *pots* son parecidos a una mousse de chocolate, pero todavía más apetecibles y decadentes. ¡Un postre delicioso porque tú lo vales!

1 cup o 250 ml de bebida de avena
1 cucharadita de vainilla en polvo (opcional)
100 g de chocolate negro
2 yemas de huevo
2 cucharadas de sirope de arce
1 cucharada de tahini
una pizca de sal

Precalienta el horno a 150 °C.

En una olla a fuego muy lento, pon la bebida de avena y la vainilla. Cuando esté un poco caliente, añade el chocolate negro troceado y mezcla con una espátula para que vaya derritiéndose.

Retira del fuego, añade las yemas de huevo y mezcla bien evitando que las yemas se cuajen. Agrega el sirope de arce, el tahini y la sal. Mezcla hasta obtener una textura lisa.

Vierte la mezcla en 4-6 pequeños moldes aptos para horno y ponlos en una bandeja. Añade un poco de agua en la bandeja y hornea durante unos 25 minutos.

Sirve con un poco de yogur griego, nata montada y unas frambuesas.

TRUFAS DE MATCHA Y CHOCOLATE

10 minutos

18 trufas

Si te preparas este *snack* con antelación, tendrás un chute de energía listo cuando más lo necesites. Ten siempre a mano estas trufas para potenciar todavía más tus superpoderes.

16 dátiles Medjoul
2 cucharadas de matcha en polvo
2 cucharaditas de proteína vegetal
¼ de cup o 25 g de copos de avena
una pizca de sal
2 cucharaditas de aceite de coco

para la cobertura
140 g de chocolate negro
1 cucharadita de aceite de coco
una pizca de sal

En un procesador de alimentos, pon los dátiles deshuesados, el matcha, la proteína vegetal, los copos de avena, la sal y el aceite de coco fundido. Procesa hasta obtener una bola lisa y sin grumos.

Mójate las manos y forma bolitas con la masa.

Funde el chocolate negro con el aceite de coco. Unta las bolitas con el chocolate negro y añade una pizca de sal.

Guárdalas en el congelador. Duran dos semanas.

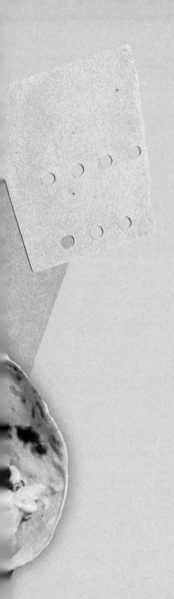

10.
TEAM
TEENAGER

SÁNDWICH TOFU CURRY

12 minutos

2 sándwiches

En Bruselas hay una cafetería especializada en sándwiches que se llama Au Suisse. Tiene muchas ofertas superapetecibles y, cuando éramos pequeños, una de nuestras favoritas —de mi hermano y mía— era la de pollo con curry. Esta versión lleva tofu ahumado mezclado con manzana, apio, pepinillos y mayonesa.

1 paquete de tofu ahumado
1 cucharadita de aceite de oliva
3 pepinillos
1 tallo de apio
1 manzana
1 cucharada de germinados de alfalfa
4 cucharadas de mayonesa
2 cucharadas de yogur griego sin endulzar
1½ cucharaditas de curry en polvo
sal
pimienta
1 baguette
hojas de lechuga

Desmenuza el tofu ahumado con las manos y saltéalo en una sartén con un poquito de aceite de oliva durante unos 4-5 minutos.

Mientras tanto, pon en un bol los pepinillos cortados, el apio picado, la manzana en daditos y los germinados de alfalfa. Añade la mayonesa, el yogur griego, el curry, y sal y pimienta al gusto. Mezcla bien, prueba y rectifica.

Abre la baguette, añade unas hojas de lechuga y rellena con el tofu al curry. *Enjoy!*

PATATAS NO FRITAS CON KÉTCHUP CASERO

 **30 minutos
+ 30 minutos/1 hora
de remojo de las
patatas**

4 personas

4 patatas tipo Rusell
3 cucharadas de aceite
de oliva
¾ de cucharadita de sal
pimienta
sal gorda

para el kétchup casero
⅓ de cup u 80 ml
de tomate frito
1 cucharada de
concentrado de tomate
1 cucharada de vinagre
de manzana
2 cucharadas de sirope
de arce
1 cucharadita de tamari
una pizca de sal

Una receta muy sencilla, pero... ¿a quién no le gustan las patatas fritas? Aunque esta es la mejor versión de patatas no fritas, ¡sino horneadas! Te recomiendo que las comas recién hechas para que no pierdan la textura. El secreto está en dejar las patatas en remojo para que, al hornearlas, estén megacrujientes.

Limpia y corta las patatas en dedos del mismo tamaño. Ponlas en un bol grande cubriéndolas de agua. Déjalas en remojo unos 30 minutos-1 hora.

Enciende el horno a 185 °C y prepara una bandeja con papel de hornear.

Escurre y seca bien las patatas; es importante. Ponlas en el bol y añade el aceite de oliva, sal y pimienta. Mezcla bien y reparte las patatas por toda la bandeja sin que se toquen entre ellas.

Hornea unos 20 minutos, dales la vuelta y sube el horno a 200 °C. Hornea unos 15 minutos más o hasta que veas que las patatas están doradas.

Mientras se hacen las patatas al horno, en otro bol mezcla el tomate frito con el concentrado de tomate, el vinagre de manzana, el sirope de arce, el tamari y la sal. Prueba y rectifica al gusto.

Cuando las patatas estén hechas y doradas, añade un poco de sal gorda y sírvelas enseguida con el kétchup casero.

NOODLES ENTRE SEMANA

 35 minutos
+ 30 minutos de reposo del tofu

4 personas

¿Unos noodles que puedas preparar en poco tiempo, que gusten a todos y, sobre todo, que sacien? Tengo la solución. Además, esta receta hará que cambie tu opinión sobre el tofu: pasará de ser algo soso a algo más apetecible... O eso espero. ¡Larga vida al tofu!

para el tofu
3 cucharadas de aceite de sésamo
1 cucharada de aceite de oliva
4 cucharadas de tamari
zumo de ½ limón
2 cucharadas de vinagre de arroz
2 cucharadas de sirope de arce
2 cucharadas de mantequilla de cacahuete
1 paquete de tofu ahumado

para la salsa
2 cucharadas de mantequilla de cacahuete
1 cucharada de tamari
1 diente de ajo rallado
2 cucharadas de aceite de sésamo

340 g de noodles
1 brócoli
1 aguacate
2 cucharadas de semillas de sésamo
1 lima

En un bol grande, mezcla bien el aceite de sésamo, el de oliva, el tamari, el zumo de limón, el vinagre de arroz, el sirope de arce y la mantequilla de cacahuete. Añade el tofu cortado en dados. Vuelve a mezclar y deja que repose unos 30 minutos.

Enciende el horno a 200 °C y prepara una bandeja con papel de hornear. Introduce el tofu macerado y hornea unos 20 minutos, dale la vuelta y hornea unos 5 minutos más o hasta que todos los trozos estén bien dorados.

En el mismo bol del tofu, prepara la salsa. Añade la mantequilla de cacahuete, el tamari y el ajo rallado, y mezcla.

Mientras tanto, pon agua a hervir y cocina los noodles según el tiempo indicado en el paquete. Sácalos del agua y ponlos en un escurridor, pero guarda el agua de cocción para hervir el brócoli a continuación. Pasa los noodles por agua fría.

Cuando el agua entre en ebullición de nuevo, añade el brócoli desmenuzado, cocina unos 6 minutos y escúrrelo.

Pon los noodles en un bol con la salsa, mezcla y añade el tofu horneado, el brócoli hervido, el aguacate troceado y las semillas de sésamo.

Sirve con un poco de lima.

LASAÑA DE CALABAZA

 1 hora y 30 minutos

 6 personas

Todo lo que sea pasta, pizza o lasaña son platos bienvenidos en el mundo adolescente. En esta receta vamos a introducir verduras, como calabaza y espinacas, que, mezcladas con mozzarella, ricotta, queso rallado y salsa de tomate, harán de esta lasaña la mejor BFF de tus hijos.

10 hojas de lasaña
2 mozzarellas
2 cups o 200 g de parmesano rallado

para el puré de calabaza
1 calabaza Butternut
¾ de cucharadita de sal
pimienta
¼ de cucharadita de nuez moscada
½ cup o 125 ml de bebida de avena

para la salsa de tomate
1⅔ cups o 400 ml de salsa de tomate
¾ de cucharadita de sal
pimienta
1 cucharada de aceite de oliva
3 dientes de ajo

para las espinacas salteadas
1 cucharada de aceite de oliva
2 manojos de espinacas
sal
pimienta

para la mezcla de ricotta
2 cups o 2 × 250 g de ricotta
½ cucharadita de sal
1 diente de ajo
pimienta

Enciende el horno a 200 °C y corta la calabaza en dos a lo largo. Ponla bocabajo y hornea unos 35 minutos. Cuando esté hecha, sácala del horno y deja que se enfríe.

Mientras tanto, en un bol pon la salsa de tomate, la sal, la pimienta, el aceite de oliva y los ajos rallados. Mezcla, prueba y rectifica al gusto.

Vacía la calabaza e introdúcela en la batidora junto con la sal, la pimienta, la nuez moscada rallada y la bebida de avena. Tritura hasta obtener una textura bien cremosa.

En una sartén grande antiadherente, pon el aceite de oliva y las espinacas. Cocínalas a fuego medio unos 3-4 minutos, añade un poco de sal y pimienta, mezcla, tapa y cocina un minuto más. Ponlas sobre una superficie plana y trocéalas finamente.

En un bol, pon la ricotta, la sal, el diente de ajo rallado, pimienta y añade las espinacas salteadas, y mezcla bien.

Coge una bandeja mediana y pon una capa de puré de calabaza, añade 3 hojas de lasaña, agrega un tercio de la mezcla de ricotta y espinacas, reparte bien, añade un poco de mozzarella desmenuzada y parmesano rallado, pon un poco de salsa de tomate, más hojas de lasaña, más ricotta y espinacas, más mozzarella y parmesano, más hojas de lasaña, más ricotta y acaba con salsa de tomate, mozzarella y bien de parmesano por encima.

Tapa con papel de hornear, hornea unos 25 minutos, destapa, hornea 20 minutos más y gratina unos 5-7 minutos.

Deja que se enfríe un par de minutos y sirve.

MINIPIZZAS DE BERENJENA

 50 minutos

4 personas

De acuerdo, no hay carbohidratos en esta receta. Pero quería darle la vuelta a uno de los platos preferidos de todos los adolescentes: LA PIZZA. Y antes de ponernos a preparar unas masas de pizza sin gluten imposibles de hacer, vamos a darle vida a la berenjena, que, mezclada con tomate frito y mozzarella, tal vez se convierta en la nueva combinación favorita de tus adolescentes. ¿Quién sabe?

2 berenjenas
sal
aceite de oliva
1 cup o 250 ml de tomate frito
hojas de albahaca
200 g de queso mozzarella

Limpia las berenjenas y córtalas en rodajas de 1 cm. Ponlas en una bandeja con papel de hornear y añade un poco de sal por encima. Deja que suden unos 20 minutos y, con papel absorbente, sécalas para quitarles el exceso de humedad.

Enciende el horno a 190 °C.

Añade aceite de oliva por encima de las berenjenas y hornea unos 20-25 minutos.

Encima de cada rodaja, pon ahora una cucharada de tomate frito, una hoja de albahaca y mozzarella rallada.

Sube el horno a 220 °C y hornea unos 8 minutos.

CENAMOS TACOS

 20 minutos
+ 2-3 horas del
remojo de los
anacardos

4 personas

Una noche improvisé esta receta con lo que tenía en la nevera y fue un éxito. Son unos tacos sin pretensiones, pero que ejercen su función: preparar una cena en 20 minutos y que les guste a todos.

Presenta todos los rellenos en diferentes boles y que cada uno se monte su taco. ¡Importante! No te olvides de la salsa.

2 paquetes de tacos de maíz sin gluten

para el bol de frijoles
1½ cups o 250 g de frijoles negros cocidos
1 cucharada de aceite de oliva
1 cucharadita de comino en polvo
1 diente de ajo rallado

para el bol de cebolla y pimientos
1 cucharada de aceite de oliva
1 cebolla blanca
½ cucharadita de sal
1 pimiento rojo
1 pimiento amarillo

para el bol de maíz
aceite de oliva
2 mazorcas de maíz cocidas

para el bol de guacamole
2 aguacates
zumo de 1 lima
sal
1 cucharada de aceite de oliva

para la salsa
1 cup o 150 g de anacardos remojados
½ cup o 125 ml de agua
1 cucharadita de tamari
3 cucharadas de aceite de oliva
2 cucharadas de vinagre de manzana
½ cucharadita de pimentón ahumado en polvo
cayena

Para hacer esta receta necesitarás poner previamente los anacardos en remojo en agua durante unas 2-3 horas.

Escurre los frijoles negros e introdúcelos en una olla pequeña con el aceite de oliva, el comino y el ajo rallado. Cocina unos 4 minutos y cháfalos un poco con un tenedor. Reserva en un bol.

En una sartén antiadherente, pon el aceite de oliva y la cebolla troceada en tiras finas, y cocina a fuego medio unos 8 minutos o hasta que empiece a caramelizarse ligeramente. Añade un poco de sal y los pimientos cortados en tiras finas. Cocina unos 5 minutos mezclando de vez en cuando. Reserva en otro bol.

En la misma sartén, agrega un poco de aceite de oliva y dora las mazorcas de maíz unos 10 minutos por todos lados. Desmenúzalas con un cuchillo y guarda el maíz en un bol.

Mezcla en un bol los aguacates con el zumo de lima, sal y el aceite de oliva.

En una batidora, pon los anacardos escurridos, el agua, el tamari, el aceite de oliva, el vinagre de manzana, el pimentón y un toque de cayena al gusto. Tritura durante un minuto o hasta obtener una textura cremosa y lisa.

Tuesta los tacos, rellénalos con guacamole, la mezcla de cebolla y pimientos, los frijoles, el maíz y acompáñalos con un poco de salsa por encima.

BATIDO MEGAPOTENTE

🕐 **5 minutos**

 2 personas

Para asegurarte de que desayunan de forma supercompleta, prepárales este batido: lleva arándanos, plátano, aguacate, espinacas, mantequilla de cacahuete, cacao y proteína de guisantes. Tampoco hace falta que les digas a tus adolescentes todo lo que lleva... por si acaso.

1½ cups o 225 g de arándanos congelados
1 plátano
½ aguacate
1 cucharada de mantequilla de cacahuete
1 puñado pequeño de espinacas
1 cucharada de cacao crudo en polvo
1 cucharada de proteína de guisantes

Pon todos los ingredientes en el procesador de alimentos y tritura hasta obtener un batido bien cremoso.

Sirve y, como extra, puedes rallar chocolate negro por encima.

SÁNDWICH DE TAHINI Y MERMELADA DE FRESA

20 minutos

Te preparas la cantidad que quieras

Esta es una propuesta un poco diferente del clásico PB & Jelly Sandwich, que lleva mantequilla de cacahuete y mermelada llena de azúcar. Coge un buen pan y rellénalo de tahini, semillas de cáñamo y mermelada casera de fresa. ¡El *snack* de los campeones!

pan de calidad
tahini
semillas de cáñamo

para la mermelada de fresa
2 cups o 300 g de fresas
4 dátiles Medjoul
½ cucharadita de cardamomo molido
3 cucharadas de semillas de chía

Limpia las fresas y córtalas en cuatro. Ponlas en una olla mediana y añade los dátiles Medjoul deshuesados y troceados. Cocina unos 10 minutos a fuego medio para que las fresas se deshagan y los dátiles se fundan. Añade el cardamomo y dos cucharadas de agua. Mezcla y, ya fuera del fuego, agrega las semillas de chía. Vuelve a mezclar y deja reposar unos 10 minutos.

Tuesta el pan. Úntalo de tahini, añade unas semillas de cáñamo, pon un poco de mermelada de fresa y cierra el sándwich con otra rebanada de pan tostado.

La mermelada se conserva una semana en la nevera dentro de un tarro hermético.

HELADO COCO & CHOCO

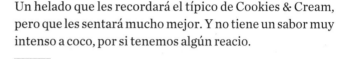

10 minutos
+ 2-3 horas remojo
anacardos
+ 1 hora de
congelación

2 personas

Un helado que les recordará el típico de Cookies & Cream, pero que les sentará mucho mejor. Y no tiene un sabor muy intenso a coco, por si tenemos algún reacio.

1 cup o 150 g de anacardos remojados
1⅔ cups o 400 ml de leche de coco thai
2 cucharadas de coco rallado
una pizca de sal
1 cucharadita de vainilla en polvo
2 cucharadas de aceite de coco
¼ de cup o 60 ml de sirope de arce
80 g de chocolate negro

Para hacer esta receta, necesitarás dejar previamente los anacardos crudos en remojo en agua durante unas 2-3 horas.

También será necesario que, la noche anterior, pongas la lata de leche de coco en la nevera sin darle la vuelta.

Escurre los anacardos remojados. Ponlos en la batidora y añade la parte de arriba de la leche de coco —la más cremosa—, el coco rallado, una pizca de sal, la vainilla, el aceite de coco derretido y el sirope de arce, y tritura durante un minuto o hasta que obtengas una textura lisa y cremosa.

Agrega el chocolate negro troceado y mezcla a mano.

Viértelo en un bol grande y congela 1 hora. Sácalo del congelador y, con un batidor manual, bátelo bien hasta romper las partes congeladas para poder batirlo todo. Vuelve a ponerlo en el congelador y repite este paso 3 veces.

ÍNDICE DE RECETAS

3. CENA PARA DOS

4. FIESTAS EN FAMILIA

5. DE PÍCNIC

6. MENÚ SOLO

7. VIAJES EN RUTA

8. MERIENDA CON NIÑOS

9. *POST BABY*

10. *TEAM TEENAGER*

ÍNDICE DE INGREDIENTES